INKE HUMMEL

MITEINANDER DURCH DIE BABYZEIT

In liebevoller Beziehung von Anfang an

humboldt

INHALT

VORWORT

von Dr. Natalie Grams-Nobmann

Dieses Buch hätte ich gerne schon vor vielen Jahren gelesen. Es hätte mich so sehr beruhigt. Als ich mein erstes Kind bekam, war das bindungsorientierte Leben noch eher verpönt: Laisser-faire! Schwäche! Planlosigkeit! Vorherrschend war die fixe Idee von der „richtigen Erziehung". Von meinen Eltern und Großeltern habe ich noch Ratschläge bekommen wie: *„Lass das Baby ruhig mal schreien, das kräftigt seine Lunge!"* oder *„Verwöhne es bloß nicht, das Baby braucht seinen Rhythmus!"* und *„Das Baby mit ins Elternbett zu nehmen, macht es nur abhängig von Nähe!"*

Ratschläge wie diese wurden sicherlich in bester Absicht gegeben: Sie hatten zum Ziel, die erste Zeit mit dem Baby für die Mutter so angenehm wie möglich zu machen – schließlich ist sie es ja, die sich vornehmlich kümmert. Funktioniert haben solche Ratschläge jedoch nicht, jedenfalls nicht für mich. Es gab nämlich nicht nur den Stress der ersten Wochen und Monate, sondern auch noch den Stress des Spagats zwischen meinem inneren Empfinden und den „offiziellen" Empfehlungen. Mir war intuitiv klar, dass diese strengen Regeln nicht das sind, was mein Baby braucht, was ich brauche und was wir auch gemeinsam brauchen. Aber irgendwie habe ich mich für diesen Bindungswunsch fast schon geschämt. Es kam mir zu „alternativ", fast schon anrüchig, vielleicht auch esoterisch vor. Trotzdem hat sich mein inneres Gefühl durchgesetzt und ich bin mit Tragetuch, ohne zeitliche Vorgaben für die Entwicklungssprünge und ohne einen vollgepackten Terminplan durchgekommen – und es wurde von Kind zu Kind besser.

Trotzdem gab es immer wieder Phasen, in denen ich ratlos, manchmal verzweifelt war. Dann wurde mir doch wieder ein Ratgeber zum besseren Kinderschlaf in die Hand gedrückt, der mir damals (und bis heute) einfach nur gruselig erschien. Aber was tut man nicht alles in seiner Verzweiflung? Umso wichtiger finde ich es, dass heute so viel Wert auf die Bindung gelegt wird und dass es so wundervolle Bücher, Kurse und Ratgeber wie die von Inke Hummel gibt. *„Zu eng kann eine Bindung, gerade im ersten Lebensjahr wohl kaum sein, nur das elterliche Verhalten kann einengend sein“*, lerne ich darin. Wie gern hätte ich dies schon früher gesagt bekommen und mich so viel mehr entspannen können! Ganz besonders wichtig finde ich Inke Hummels Ratschläge, was Eltern für sich selbst tun können. Denn die erste Zeit ist, egal was man tut und wie man sich verhält, oft unendlich anstrengend und kräftezehrend. Wenn die Nerven blank liegen, ist es wichtig, nicht allein auf das Baby, sondern auch auf die eigene Gesundheit, die eigene Selbstfürsorge zu achten. Die Erlaubnis zu bekommen und auch eine Anleitung dafür, wie das im Baby-Alltag gelingen kann, finde ich unglaublich wertvoll.

Denn, und hier überschneiden sich Inke Hummels und mein Wunsch nach Aufklärung wohl am allermeisten: Verunsicherung und Stress können dazu beitragen, dass man nach Antworten und leichten Lösungen sucht, wo es letztlich keine gibt. Dadurch verliert man nicht nur Nerven, Zeit und im Zweifel auch Geld, sondern vor allem auch Entspannung und Zuversicht. Egal ob das dann der schnelle Griff zu vermeintlich wirksamen Globuli ist oder der Gang zur Osteopathie.

Beides mag nicht schaden, aber eine wissenschaftlich nachgewiesene Hilfe über den Placeboeffekt hinaus ist unwahrscheinlich bis unmöglich. Ich würde mir also schon allein deshalb wünschen, dass die erste Baby-Zeit *miteinander* besser gelingt, sodass falsche Heilsversprechen oder zu kurz gedachte Lösungsansätze gar keine Chance haben. Und natürlich gibt es noch viele andere gute Gründe, dass Kinder von Anfang an die Möglichkeit haben sollen, bindungsstark und sicher in Beziehungen aufzuwachsen – und ihre Eltern mit ihnen und an ihnen wachsen.

Dr. Natalie Grams-Nobmann

Ärztin, Autorin von „Was wirklich wirkt – Kompass durch die Welt der sanften Medizin“ und Mutter von drei Kindern

So findest du dich in diesem Buch zurecht

Die Entwicklung deines Babys ist ganz individuell, es wird gewisse Fähigkeiten zu einem Zeitpunkt erlernen, an dem es für es passt. Damit du immer an den richtigen Stellen nachlesen kannst, was für dein Baby gerade aktuell ist, kannst du dich an der Kopfzeile orientieren. Die Bilder dort zeigen den motorischen Entwicklungsstand deines Babys. Schau sie dir genau an und lies dir auch die Beschreibung dazu durch, damit du weißt, worauf du achten kannst. (**Gefettet** ist jeweils die Fähigkeit, die neu dazugekommen ist.)

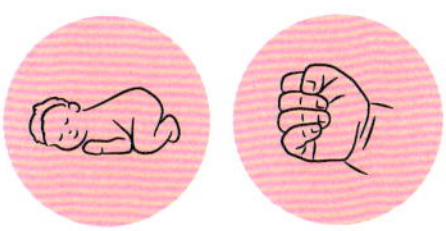

Dein Neugeborenes liegt in Bauchlage, den Kopf abgelegt, Beine unter dem Po und hat eine geschlossene Hand.

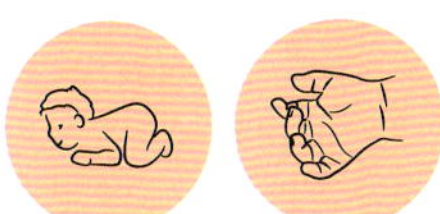

Dein Neugeborenes in Bauchlage **hebt nun den Kopf leicht an**, die Beine sind weiterhin noch nah am Körper, **die Hand kann geöffnet sein**.

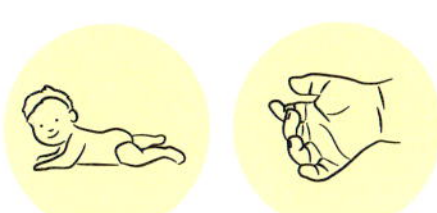

Dein Baby hat in Bauchlage den Bauch noch fest am Boden, den Kopf leicht gehoben, **die Arme stützen sich jetzt mehr und mehr vorne ab**, die Beine ruhen noch hinten eng am Boden, die Hand ist meist geöffnet.

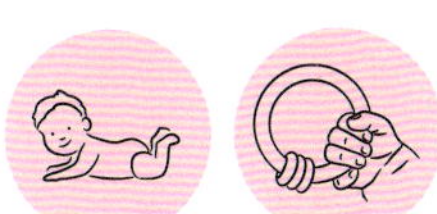

Dein Baby hat in Bauchlage den Bauch weiterhin fest am Boden, den Kopf gehoben. **Es streckt die Arme jetzt länger nach vorne, die Beine nach hinten und hebt die Füße leicht an; seine Hand kann jetzt etwas festhalten.**

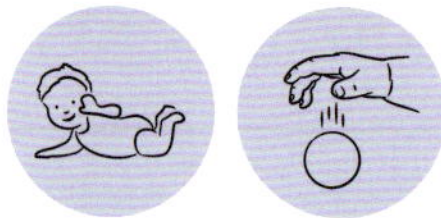

Dein Baby hat in Bauchlage den Bauch weiterhin fest am Boden, **sein Kopf ist jetzt häufig hoch erhoben, einen Arm kann es in die Luft strecken**. Die Beine werden nach hinten gestreckt mit leicht angehobenen Füßen; **seine Hand kann jetzt bewusst loslassen**.

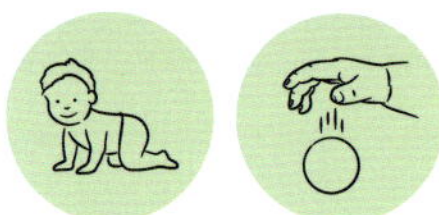

Dein Baby steht jetzt im **Vierfüßlerstand**, seine Hand wird immer noch oft bewusst loslassen.

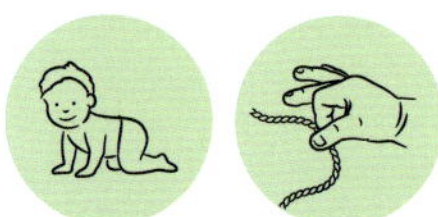

Das Baby steht weiterhin im Vierfüßlerstand, **seine Hand kann feinmotorischer spielen, zum Beispiel mit einer Schnur**.

Dein Baby zieht sich jetzt auf den Knien an einem Gegenstand hoch und beherrscht den Pinzettengriff mit gestreckten Fingern.

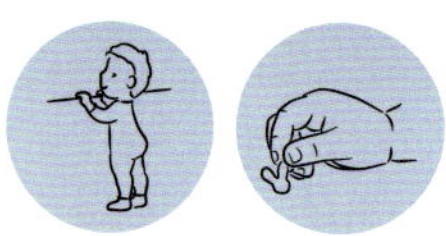

Dein Baby steht nun an einem Gegenstand und übt den **Zangengriff** mit gebeugten Fingern.

Lass dich nicht verunsichern, wenn andere Babys im gleichen Alter schon weiter sind als deines. Die Zeitangaben in den Kapitelnamen sind nur ungefähre Orientierungsangaben! Im Laufe dieses Buches wirst du lernen, wie individuell die Entwicklung im ersten Lebensjahr trotz aller Parallelen ist, warum das gut so ist und wie du dein Baby am besten dabei unterstützen kannst.

Auch wenn ich im Buch gelegentlich von Papa und Mama spreche, sind immer alle Familienformen mitgemeint – alle Fakten und Ratschläge sind so bunt und flexibel wie eure individuelle Konstellation.

EURE ENTDECKUNGSREISE BEGINNT

Dein Baby ist da und du willst es gut in diese Welt begleiten. Dafür möchtest du seine Entwicklung verstehen, ungebetene Ratschläge souverän beiseiteschieben können und wissen, wie du einen unkomplizierten Alltag mit Baby gestalten kannst. Das kannst du lernen und an der Seite deines Kindes in sicherer Bindung durchs erste Jahr und ins Leben gehen.

Ein Jahr unterwegs

Vor dir liegt ein Jahr wie kein zweites. Wissen über Babys und darüber, wie du am besten mit einem solchen Winzling umgehst, hast du nicht in der Schule erworben und wahrscheinlich genauso wenig im persönlichen Umfeld. Blogartikel, Zeitschriften, Ratschläge von Freund*innen und Fremden können helfen, aber auch verunsichern und Druck oder Angst machen. Sogar manche Bücher zum Thema sorgen eher für Stress und Sorgen als für echte Sicherheit.

Doch hier bekommst du sie! Dein erstes Jahr mit Kind soll eine Abenteuerreise mit vielen Erlebnissen werden, während der du selbst wächst und die dir gut in Erinnerung bleibt – keine Zeit voller Pannen und schmerzhafter Gefühle des Scheiterns. Wie für jede Reise ins Ungewisse brauchst du bestimmte Fertigkeiten und viel Wissen im

Gepäck, um auch mit Unwägbarkeiten zurechtzukommen. Dann wird das Abenteuer unvergesslich gut, trotz aller Anstrengungen!

Wie wichtig können zwölf Monate schon sein? Kannst du dich noch an dein erstes Lebensjahr erinnern? Wenn überhaupt, dann weißt du nur aus Fotos und Erzählungen darüber Bescheid. Denn bevor sich Sprache entwickelt und eine bestimmte Gehirnreife erreicht ist, landet nichts in den Schubladen im Kopf, die wir später wieder aufziehen können.

Bedeutet das, es ist im Grunde egal, wie dein Baby diese Zeit erlebt? Oh nein! Denn von Anfang an sorgen sein Erleben und sein Umfeld dafür, dass im Kopf Schränke aufgestellt, Schubladen eingesetzt und weich gepolstert werden. Verursacht ein kompliziertes erstes Lebensjahr hier Chaos, kann auch später noch sortiert und aufgeräumt werden, aber das kostet viel Energie und manche Spuren können bleiben. Darum sind die ersten zwölf Monate sehr wichtig.

Was brauchst du genau? Das könnte dir womöglich ein richtig guter Babykurs vermitteln, aber den zu finden ist gar nicht so leicht. Denn viele legen den Schwerpunkt auf feste Themen wie Essen, Schlafen oder das erste Paar Schuhe, die abgehakt werden, oder stellen „nur“ Spielmöglichkeiten für Eltern und Kinder bereit. All zu leicht gerätst du dort außerdem in Stress, weil die Kursleitung Vergleiche zwischen den Eltern nicht unterbindet. Gute Kurse sind ein seltener Hauptgewinn. Dieses Buch macht es dir leichter:

- Du darfst deine Themen suchen und sie bearbeiten, wann dir danach ist, nicht wenn es im Wochenplan des Kurses steht. Feste Kurszeiten können außerdem für manche Babys ein Stressfaktor sein und somit auch für dich. Mit dem Buch kannst du auch mal gelassen eine Kursstunde verpassen und bist doch bestens informiert.

- Du bekommst Input zu allen wichtigen Bereichen: von der körperlichen und geistigen Reifung über Spielideen bis hin zu echten Lifehacks zu den typischen Fragen in Babykursen.
- Du musst dein Baby nicht mit X und Y vergleichen, sondern kannst ganz einfach seinen Weg und seine Fortschritte sehen.
- Dir wird keine Angst gemacht, welcher stressende Schub wohl als nächstes ansteht. Stattdessen wirst du gestärkt, um dein Kind jederzeit möglichst sicher zu begleiten. Auch wenn du mal nicht herausfinden kannst, was es gerade wurmt.
- Du wirst fürs Hier und Jetzt gestützt, sodass du bei akuten Herausforderungen passend reagieren kannst. Du musst wirklich noch nicht lernen, wie du ein gutes Elternteil für ein vier-, neun- oder fünfzehnjähriges Kind bist. Trotzdem bekommst du schon ein Grundverständnis dafür mit, wie du die Bindung zu deinem Kind nicht nur aufbauen, sondern auch langfristig halten kannst.
- Das Buch wandert mit dir durchs Babyjahr bis hin zum ersten Geburtstag, der für dich und dein Kind ein Meilenstein ist. Bis dahin wirst du so viel mitgenommen haben, dass du alle weiteren Abenteuer als Mama oder Papa mutig angehen kannst.

Ich habe jahrelang solche Elternkurse gegeben und das, was die Eltern daran so geschätzt haben, für dich in dieses Buch gepackt.

„In Inkes Babykursen war für uns so gut, dass es Informationen immer an den passenden Zeitpunkten der Entwicklung des Kindes gab. Also nicht bereits mit drei Monaten die Infos zur Beikost, sondern ausgerichtet an den Entwicklungs-Steps des Kindes. So hatten wir als Eltern die Chance, uns auch schrittweise zu entwickeln. Ihre ruhige und positive Art tat so gut."

(Sabine Hannaske, Mutter)

„Von Inke und ihrem Kurs habe ich sehr viel mitgenommen, eigentlich alles was wichtig ist, wenn man Mutter wird. Ich hatte mich, bevor ich Kinder bekommen habe, nie mit dem Thema Bindung auseinandergesetzt. Ich dachte, mit ein paar Ritualen und Konsequenz bekommt man das mit den Kindern schon hin. Totaler Quatsch! Bei Inke habe ich gelernt, dass man herausfordernde Situationen mit Kindern annehmen und sie gemeinsam mit ihnen durchstehen muss. Dass jedes Kind anders ist. Dass Bedürfnisse verschwinden, wenn sie gestillt werden, und nicht, wenn man sie abtrainiert.
Antonia wollte bis zum zehnten Monat voll gestillt werden. Inke hat mir damals gesagt, dass das voll okay ist. Diese ganzen Tipps und Ansichten haben mir sehr viel Gelassenheit gegeben, auch gegenüber kritischen Äußerungen von Außenstehenden."

(Carina Gewehr, Mutter)

„Rasante motorische Entwicklung ist sau anstrengend. Aber irgendwie auch toll. Bei Inke gab es beide Blicke. Auf jeden Fall muss man die Entwicklung unterstützen, viele Chancen lassen. Unsere Mädels konnten mit einem Jahr Laufrad fahren. Und wir haben früh ein Trampolin angeschafft und Ähnliches."

(Joachim Gewehr, Vater)

„Die wichtigste Tatsache war zu erkennen, dass mein Kind ein kleiner Mensch mit eigenen Bedürfnissen ist, die erfüllt werden wollen. Es ist nicht einfach nur ‚das Kind', das alles macht, was wir wollen. So waren wir zum Beispiel mit unserer Tochter nie abends groß weg, da sie jemand ist, der pünktlich im Bett sein muss und will. Wir haben um diese Tatsache herum geplant und so war es wesentlich harmonischer, als wenn wir sie abends auf jeden Besuch mitgenommen hätten, nur weil wir so lange wach bleiben können."

(Ludwig Risse, Vater)

„Das ‚Wichtigste', was ich aus der Kurszeit mit Inke mitgenommen habe, waren die vielen Spielanregungen, der fachmännische Input zur aktuellen Entwicklung der Babys, aber vor allem das Gefühl, immer alles fragen zu können und ernst genommen zu werden."

(Anna John, Mutter)

„Ich habe Inkes Kurs zur Begleitung durchs Babyjahr schon von der ersten Stunde an, damals mit meinem ersten Kind Henrik, geliebt. Mir war klar, dass ich mit dem zweiten Kind auch zu ihr kommen möchte. Es tut einfach gut, wenn man als junge Mami auf so viele liebe Menschen trifft, die in dieser Zeit genau das Gleiche erfahren wie man selbst. Die ersten Monate mit einem Baby, die Freude, die Liebe und auch die Sorgen, die man in der Zeit hat, kann man hier teilen und sich austauschen. Inke, du hast jeden Kurs so liebevoll vorbereitet und dir immer neue Impulse für die kleinen Mäuse ausgedacht. Das Wichtigste war zu lernen, wie die Kleinen auf die äußeren Reize reagieren und wie man sie spielerisch fördern kann, ohne sie zu überfordern. Aber auch der Austausch untereinander und deine Tipps waren für mich einfach wahnsinnig hilfreich."

(Melanie Frank, Mutter)

Du verstehst dein Baby

Im ersten Lebensjahr deines Kindes passiert so unglaublich viel innerhalb von zwölf Monaten wie danach kaum noch mal Es wird vom eigentlich noch nicht ganz fertigen Weltneuling zum Welterkunder oder zur Welterkunderin, der oder die selbstständig Neues entdecken, begreifen und vielleicht sogar schon ab und an in Worte (na gut: zumindest oft in ein Wort) fassen kann. Auf diesem Weg ist es auf deine Begleitung angewiesen. Die kannst du richtig gut meistern, wenn du dein Baby wirklich kennenlernst und verstehst:

- Was passiert in seinem Kopf? Wie verändert sich sein Denken? Und wie kannst du diesen Verlauf sinnvoll unterstützen?
- Welche Gefühle können alle in ihm aufkommen? Wie zeigt es sie und wie solltest du damit umgehen?
- Wie viel Nähe mag und braucht dein Kind?
- Welches Temperament bringt dein Kind mit?
- Was stellt es da an mit seinem Körper? Wo soll das hinführen? Und was kannst du tun, um dein Baby auf seinem Weg zum aufrechten Gang zu unterstützen?
- Wie erobert dein Kind spielerisch die Welt und welches Material kann ihm helfen – ohne dass du ständig Neues kaufen musst?
- Wie kann euer Alltag aussehen, damit er für euch alle passt?
- Und was solltest du aus bindungstheoretischer Sicht wissen, um Urvertrauen zu sichern und in Bereichen wie Schlafen, Essen, Zahnen und Stressverarbeitung richtig zu handeln?

Babys müssen sich in so vielen Bereichen entwickeln, die wir einzeln betrachten können, aber eigentlich nicht sollten, denn sie sind stark miteinander verwoben. In diesem Buch gehe ich diesen Weg durchs erste Jahr Schritt für Schritt mit dir gemeinsam und du lernst jeden Tag ein bisschen besser, was dieses „Be-eltern“ ausmacht.

Du kannst die kleinen Meilensteine feiern, aber darfst diese Zeit vor allem als einen Fluss erleben, in dem ihr euch treiben lassen könnt, anstatt Station für Station abzuhaken. So „funktionieren" Kinder ohnehin nicht: In einer guten Umgebung sind Lernwille und Motivation immer zu sehen. Nur weil dein Baby beispielsweise den Meilenstein „Robben" geschafft hat, wird es nicht aufhören, mehr erreichen zu wollen. Sein Weg ist eben viel eher eine lange, lange Bootsfahrt mit Stopps an diesem und jenem Hafen und ständigen Abenteuern. Der Weg ist keine schnurgerade Treppe, die es einfach Stufe für Stufe erklimmen muss.

Enge Zeitvorgaben. Viel zu oft liest oder hörst du irgendwo starre Zeitvorgaben für die Entwicklung deines Kindes und manche kinderärztliche Praxen machen Eltern nervös, weil das Kind X noch nicht kann und Y jetzt aber wirklich mal schaffen muss. Dabei wissen die moderne Pädagogik und die Medizin, wie groß die Spannbreite von „normal", von „nicht besorgniserregend" ist: wirklich sehr groß.

Lass dich nicht verunsichern von einem: *„Das ist eigentlich noch im Rahmen, aber so langsam sollte es mal …"* Bei manchen kinderärztlichen Untersuchungen fällt so ein Satz schnell, ohne dass dem Arzt oder Ärztin bewusst ist, welchen Druck das auslösen kann. Hole dir dann zur Sicherheit eine zweite Meinung ein.

ENTSPANNT ZEIT GEBEN

Dein Kind braucht Zeit, um sich zu entwickeln, und es braucht eine offene Gesellschaft, um es selbst sein zu können; auch mit fordernden Temperamentsausprägungen wie „wild", „schüchtern" oder „gefühlsstark". Manch ein Kind braucht so viel Energie für seine Gefühle, dass die Motorik hintenanstehen muss, oder es tut sich so schwer mit dem Verarbeiten von Reizen oder auch mit dem Sprechen, dass die Emotionen ständig und stärker als bei anderen aufschäumen. Alles ist möglich und nicht gleich besorgniserregend!

Eng gefasste Entwicklungsskalen sind für die Begleitung aller Babys ein Stressfaktor und exakte Monatsangaben zu Meilensteinen der Entwicklung sind unseriös. Beim ersten Geburtstag liegen einige Kinder beispielsweise noch bevorzugt zum Robben am Boden, während andere schon längst laufen. Beides ist unbedenklich, toll und unterschiedlich herausfordernd.

Schau in diesem Buch auf die Beschreibungen, um einzuschätzen, wo dein Kind motorisch oder geistig steht und was es gerade von dir braucht – nicht ständig auf Zahlen und Zeitangaben. Die Illustrationen in der Kopfzeile sind dein Anhaltspunkt, nicht eine feste Zahl. Es kann sein, dass du zu Bewegungsabläufen noch in dem einen Kapitel liest und zum Denken schon in einem anderen. Die Reihenfolge der Entwicklungsschritte in den einzelnen Bereichen ist dabei meist recht gleich, aber doch nicht immer geradlinig. Babys sind bunt.

Schub und Stress. Wenn dir noch an die Hand gegeben wird, dass jeder Meilenstein mit einem quengelnden Baby verbunden sein muss, liegst du auf der Lauer, anstatt das Babyjahr zu genießen. Die Unkenrufe anderer Eltern können zusätzlich stressen: *„Bald geht es wieder los! Dann wird es wieder schlimm!"* Das verursacht Stress bis hin zu Ängsten, die diese Zeit unnötig belasten. Deine Sorgen spürt wiederum dein Baby und am Ende wird die Angst vor dem nächsten Schub noch zur selbsterfüllenden Prophezeiung.

Wann du dir Sorgen machen musst, wirst du auch lernen – aber lass dir gesagt sein: Die wenigsten Babys, die bei uns geboren werden, haben Defizite, die wir als Eltern aufdecken und von außen frühzeitig dringend bearbeiten müssen. Die Vorsorgeuntersuchungen sind ja auch noch da. Echte Entwicklungsverzögerungen werden in der Regel dort festgestellt. **Den meisten Babys reichen Entwicklungsgelegenheiten, um – mal schneller und mal langsamer – diesen oder jenen Meilenstein zu schaffen.** Dieses Buch entlastet dich, wenn du an anderer Stelle womöglich Bedrängnis spürst.

ZU FRÜH GEBOREN

Für frühgeborene Kinder ist das nochmal anders. Ihnen fehlte Zeit im Bauch der Mutter und im Anschluss wird ihr Weg erschwert durch die Bedingungen in der Klinik sowie häufig durch Sorgen und Stress der Eltern. Sie reifen nach, aber wiederum sehr unterschiedlich. Eine individuelle ärztliche Begleitung ist viel sinnvoller als eine allgemeine Tabelle. Selbst Vorhersagen sind schwierig, denn es sind nur bestimmte Wahrscheinlichkeiten bekannt: Motorik, Stress- und Informationsverarbeitung zeigen sich eventuell (!) problematischer als bei Babys, die reif zur Welt kommen. Schutzfaktoren für eine möglichst unkomplizierte Nachreifung werden noch erforscht.

Du wächst in deine Rolle hinein

Bei allem was dein Baby braucht, bist auch du relevant. Ihr sitzt in einem Boot und die Reise wird nur gut, wenn alle Beteiligten fröhlich mitpaddeln können. Der Alltag als Neueltern ist nicht so leicht, wie es auf Instagram und in den Anzeigen der Windel- und Breihersteller aussieht. Du musst einiges lernen, aber du bist ja schon dabei.

Je sicherer du bist, je besser es dir geht, desto leichter fällt dir die Fürsorge für dein Baby. Da darf es keine allzu große Schieflage geben. Die aber viele laienhafte Ratgeber*innen gerne verursachen. Sie hauen oftmals auf den Tisch, und sagen dir, dass immer das Baby vorgeht *(„Abstillen?? Wie kannst du nur?!!“)*. Oder sie entstammen der Gegenrichtung und schieben alle Gedanken an die Bindungssicherheit deines Kindes weg *(„Wenn du nicht mehr kannst, hilft nur ein Schlafprogramm!“)*. Solche Blicke sind zu eng. Um hier die richtige Balance zu finden, schauen wir in diesem Buch immer wieder auch darauf, wie es dir geht.

Du brauchst Wissen, Verständnis und Mitgefühl – ganz sicher keinen Druck, lebensfremde Prinzipien und Schuldgefühle. Es ist in Ordnung, wenn du auch negative Gefühle bezüglich deiner Elternschaft hast. Das Mitgefühl ist an dieser Stelle angebracht, denn Mama oder Papa zu sein ist oft auch einfach hart. Daran will keiner so gerne denken, denn ein Leben mit Baby soll doch bitte rosarotwattebauschig sein. Viele klammern die Schattenseiten daher aus, wenn sie von ihrem Leben als Neueltern berichten. Doch es ist sehr viel sinnvoller, sich auch diese bewusst zu machen. Sie müssen nicht auftauchen, können aber. Elternteil eines Babys zu sein, ist anstrengend, ist herausfordernd, kann wehtun. Und darf auch mal nerven. Wahrscheinlich wirst du immer mal wieder an dir zweifeln. Doch wenn du im Hinterkopf hast, dass das normal ist, kannst du viel selbstbewusster durch dieses Jahr gehen. Elternsein ist nie ein gerader, asphaltierter

Weg. Die Umwege und Stolpersteine, der leere Tank und die Panik vor dem aufziehenden Gewitter gehören dazu! **Das ist Elternsein.** Miteinander lernen, aneinander wachsen. Fern von Bilderbuchperfektion.

Wenn dein Baby leidet, ist es zum Beispiel zwar wichtig, nach den Ursachen zu fragen. Aber es ist nicht notwendig, dass du diese immer erkennst und seine Bedürfnisse hundertprozentig erfüllst. Klar, du möchtest gerne die Gründe dafür verstehen, warum dein Kind gerade so und nicht anders ist. Doch für dein Baby ist das nicht immer entscheidend. Ob es unter Zahnungsschmerzen leidet, überreizt ist vom Verwandtschaftsbesuch oder sich im Halbschlaf vor einem Klingeln erschreckt hat – **dein Baby braucht ganz oft die gleiche Lösung: Nähe, Ruhe und vor allem dich!**

Es muss sich nur grundlegend gesehen fühlen und **in der Mehrzahl der Fälle** richtig verstanden und begleitet werden, um sicher bei dir aufwachsen zu können. Mehr nicht. Du hast beispielsweise keine Schuld, wenn du sein Weinen nicht stillen kannst, sondern bist ein wunderbarer Elternteil, wenn du das aushalten und dabei recht gelassen bleiben kannst. **Das ist Elternsein.** Gefühlvoller Beistand statt Wunderheilung.

Ganz oft lässt sich ein genauer Grund gar nicht herausfinden. Dennoch einen festzulegen *(„Das müssen jetzt aber wirklich die Zähne sein!“)*, hilft nur uns Großen (oder sogar bloß unserem Umfeld), nicht den Babys. Etiketten machen ruhiger, aber sie verschließen uns manchmal auch.

Du sicherst Bindung

Über die Bedeutung von Bindung wird inzwischen überall gesprochen und geschrieben. Du kannst dicke Wälzer lesen und bei Fachbegriffen ins Schwimmen geraten, an eurer Bindung zweifeln, wenn dein Kind stark fremdelt oder gar nicht fremdelt. Oder du kannst dir mitnehmen, was dein Baby grundlegend von dir braucht, um Bindungssicherheit entwickeln zu können: „Feinfühligkeit“ sagen die Psycholog*innen. Das ist leicht misszuverstehen. Dahinter steckt eben nicht, wie bereits beschrieben, „mit Feingefühl erkennen, was genau das Baby quält“. Gemeint ist nur **„möglichst oft erkennen, was los ist“ sowie auf jeden Fall „zugewandt und zuverlässig reagieren“.**

„Ich bemühe mich immer um dich!“ – nicht: „Ich schaffe sofort jedes deiner Probleme aus der Welt!“

Dazu gehört manchmal, sich mit seiner eigenen Kindheit zu befassen, genau hinzuschauen, wie sich das Miteinander von Elternteil und Kind gestaltet. Um das **ausreichend gut** schaffen zu können, bringen die meisten Eltern aber alles mit. Nicht umsonst gelten etwa 70 % der Kinder bei uns als sicher gebunden. Da du schon weißt, dass du auf eine gute Bindung achten möchtest – sonst hättest du dieses Buch wohl nicht ausgewählt –, bist du recht wahrscheinlich auf diesem mindestens ausreichend guten Weg.

Immer da sein und reagieren? Nein! „Ausreichend gut“ heißt nicht immer-immer und sofort. Es geht um deine grundsätzlich zugewandte Haltung zum Kind. Es geht darum, dass du nicht einmal so und beim nächsten Mal ganz krass und für das Kind vollkommen unverständlich anders reagierst. Es geht um sein Gefühl, am richtigen Ort, bei den richtigen Menschen zu sein, auch wenn sie irgendwann mal nicht direkt dabei sind. Das ist Bindungssicherheit und macht stark fürs Leben.

„Zu eng“ kann eine Bindung nicht sein, auch wenn bindungsorientierte Eltern diesen Vorwurf leider oft hören. Sondern nur sicher oder unsicher (oder gestört). Höchstens kann das elterliche Verhalten einengend sein. Das passiert oft bei ungutem Verwöhnen – was das genau ist, lernst du hier noch. Und gutes Verwöhnen natürlich auch!

Sicher gebunden sein heißt, Urvertrauen zu haben. Also die Basis zu besitzen für Selbstvertrauen, soziales Miteinander, aber auch für gesunde Gehirnreifung und Lernen: vom Laufen über Gefühle in den Griff bekommen bis hin zu Mathe!

Du kommst einfach durch den Alltag

Das ist alles viel und doch nicht viel. Die Verantwortung, die du übernommen hast, soll dich nicht ständig bedrücken. Dein Baby ist da, ihr habt einen Alltag, und den gilt es zu meistern, jeden Tag wieder. Dafür brauchst und bekommst du hier das nötige Gepäck, sodass ihr möglichst gut draufloswandern könnt. Das Baby ist jetzt neu dabei und das ist natürlich wichtig. Aber es muss sich auch nicht alles verändern, nicht alles zu einem Problem werden, nicht alles nur um den Winzling kreisen. Wir fügen alles zusammen, damit du das Abenteuer Baby zu **der** Reise deines Lebens machen kannst. Du bekommst ganz viel in den Koffer gepackt, woraus du Lösungen formen kannst, die zu dir und deinem Baby passen. Ich habe Eltern jahrelang auf diesem Weg begleitet und von ihnen den wunderschönen Namen „Die Babyflüsterin“ verliehen bekommen. Mein Können, mein Wissen und meine Erfahrung werden jetzt dein Reiseführer.

„‚Es kommt wie es kommt!' und ‚Grundsätzlich positiv sein!' – das waren die wichtigsten **BABYLIFEHACKS** für mich persönlich. Unser erster Sohn war und ist ein sehr anstrengendes, anspruchsvolles Kind und hat alle Erwartungshaltungen, die ich als Erstlingsmama an das Verhalten eines Babys hatte, innerhalb der ersten drei Monate komplett über den Haufen geworfen. Daher hatte ich eigentlich keine Erwartungen mehr und war offen und unvoreingenommen für alles, was kam und kommt. Das war vielleicht der Schlüssel zu der Gelassenheit, die Inke mir oft attestiert hat."

(Sabine Hannaske, Mutter)

„Unser bester **LIFEHACK** war die Trage. Sie war bei uns eindeutig ein Lebensretter."

(Anna John, Mutter)

„Mein wichtigster **BABYLIFEHACK** ist: Das Baby oder auch Kleinkind nicht zu früh abends ins Bett bringen! Lieber die Abende für ein gemeinsames Miteinander mit dem Kind oder Baby nutzen (kuscheln, lesen, wenn sie älter sind etc.), damit man mehr Schlaf bekommt. Wenn man das Baby bzw. Kind um 19:00 Uhr hinlegt, ist es das erste Mal wieder richtig wach, wenn man selbst gerade eingeschlafen ist. Daher sind wir irgendwann auf 20:30 Uhr bis 21:00 Uhr (oder sogar 22:00 Uhr als sie noch sehr kleine Babys waren) umgestiegen und unsere Nächte waren plötzlich länger und entspannter."

(Carina Gewehr, Mutter)

„Der wichtigste **BABYLIFEHACK**, den ich aus der Kurszeit bei Inke mitgenommen habe, ist: ‚Nur wenn man selbst ruhig bleibt und entspannt ist, dann ist auch das Kind entspannt.' Und mein zweiter Tipp: Immer spielerisch mit einem Lied wickeln."

(Melanie Frank, Mutter)

„Einer unserer besten **BABYLIFEHACKS** war es, dem Baby in den ersten Monaten in Rückenlage einen Heliumballon an den Fuß zu binden. Dann ist es sehr lange beschäftigt."

(Joachim Gewehr, Vater)

„Der wichtigste **BABYLIFEHACK** ist grob zusammengefasst: ‚Es ist völlig ok, wenn man sein Kind ab und zu gegen die nächste Wand werfen will, solange man es nicht macht.' Eltern sind keine Maschinen und nur, weil man ein Kind bekommen hat, heißt das nicht, dass von da an alles rosarote, heile Welt ist. Das Baby kann einen manchmal an den Rand des Wahnsinns treiben und dann ist es gut, wenn man sich einfach sagt, dass das menschlich und vollkommen normal ist, und sich zum Ausgleich etwas für eine kleine ‚Elternauszeit' sucht."

(Ludwig Risse, Vater)

„Als **LIFEHACK** fällt mir direkt der Tipp von unserer Hebamme ein, immer beim Waschen auf dem Wickeltisch das Baby trocken zu föhnen. Das fand Anton immer super entspannend und nach dem Baden genießt er das immer noch sehr. Und Inkes Tipp, dass man sich stundenweise einen Babysitter engagiert, der einfach zu Hause mit dem Kind spielt, und man in der Zeit Mal abschalten kann, fand ich sehr wertvoll. Ich habe außerdem bei Inke gelernt, dass es völlig okay ist, dass die verschiedenen Mütter bzw. Eltern Sachen komplett unterschiedlich machen. Stillen oder gar nicht stillen, Familienbett oder direkt im eigenen Zimmer, BLW oder Brei … Inke hat das nie bewertet. Sie hat einfach Tipps zur jeweiligen Situation gegeben. Also Akzeptanz verschiedener Herangehensweisen und eben, dass es nicht nur einen richtigen Weg gibt."

(Nina Cramer, Mutter)

ABREISE – DAS ERSTE VIERTELJAHR

Herzlichen Glückwunsch! Das Abenteuer hat begonnen. In den ersten zwei bis drei Monaten des Babyjahres kannst du dich mit deinem Kind in Ruhe eingrooven in eure einzigartige Verbindung. Lerne es kennen und wachse so sicher in deine Elternrolle hinein. Du erfährst in diesem Kapitel, was dein Baby schon mitgebracht hat und welche Fertigkeiten es Tag für Tag erwirbt. Du lernst, wie du es unterstützen kannst und welche Anforderungen der Außenwelt du getrost ignorieren darfst.

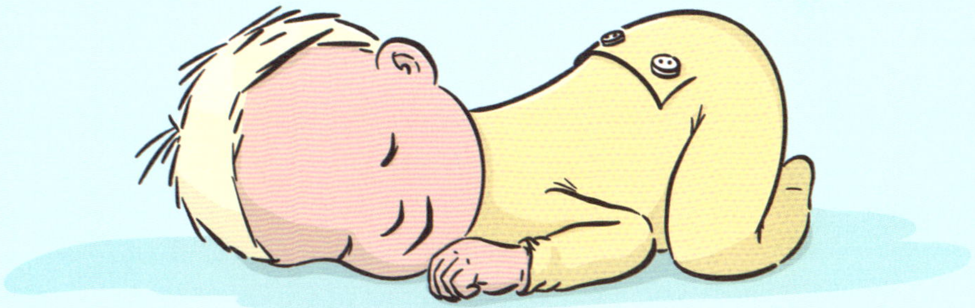

Dein Baby ist noch ganz neu in dieser Welt und doch ist ihm nicht alles fremd, denn es bringt bereits einige Fähigkeiten mit ins Leben und hat auch im Bauch schon viel mitbekommen. Nicht alles, was dein Säugling zeigt, ist tatsächlich angeboren, sondern hat sich vielleicht erst in der Schwangerschaft entwickelt. Diese neun Monate haben bereits eine große Bedeutung. Mit diesen Startbedingungen geht es in den ersten sechs bis acht Wochen für dein Neugeborenes vor allem um Anpassung: Töne, Temperatur und Bildeindrücke sind anders als im Bauch, das Fruchtwasser, in dem es sich so leicht gefühlt hat, ist weg und so vieles mehr.

Unsere Babys sind, anders als viele Tiere, keine „Nestflüchter*innen“, die rasch ohne Eltern auskommen, aber auch keine „Nesthocker*innen“, die viel allein sein können, wenn die Eltern Nahrung organisieren. Sie sind auf eine enge Verbindung angewiesen und wahre Traglinge: *„Nimm mich überall mit hin!“* Erst einmal ins Wochenbett, aber dann wirklich an jeden anderen Ort. Am liebsten auch aufs Klo!

Sie fordern Sicherheit, Nähe und Beziehung ein, notfalls mit Lautstärke. Denn nur so gestärkt können sie sich optimal an alles anpassen, was die Welt von ihnen erwartet. Du darfst diese Welt anfangs für dein Baby gestalten.

Denken und Wahrnehmen

Komplexe Gedanken kann dein Baby natürlich noch nicht fassen, aber dennoch spielt sich schon sehr viel in seinem Kopf ab. Es nimmt seine Umwelt wahr und lernt von Anfang an – das begann schon im Bauch der Mutter. Die Eindrücke sammelt es wie auch wir Großen über seine Sinne, die aber anfangs noch beschränktere Möglichkeiten haben als unsere und sich über einen längeren Zeitraum erst entfalten müssen. Anfangs nimmt dein Baby alle Eindrücke noch vorwiegend getrennt auf, doch auf seinem Entwicklungsweg werden die Wahrnehmungen rasch zusammengeführt: Dann schaut es beispielsweise nach, was es gefühlt oder gehört hat, weil alle Sinnesorgane und das Gehirn sich verknüpfen. Das kannst du unterstützen, indem du alle Sinne spielerisch ansprichst und zu viele Eindrücke auf einmal vermeidest.

Auch Gefühle spielen ins Denken hinein – je jünger ein Mensch ist, desto stärker. Ihnen widmen wir uns im nächsten Abschnitt.

Was kann dein Baby schon?

Babys kann man nicht befragen. Aber durch das Beobachten ihrer Reaktionen auf Temperatur, Schmerzen, Druck, Berührungen und weitere Reize, sowohl im Bauch der Mutter als auch im ersten Lebensjahr, ist viel über ihre angeborenen und seit der Frühschwangerschaft erworbenen Fähigkeiten bekannt. Wie gut sie wahrnehmen und diese Wahrnehmungen verarbeiten, ist schon von Geburt an individuell verschieden: Einige Babys sind besonders aufmerksam und feinfühlig, andere eher zerstreut bis unempfindsam. Letztere brauchen etwas mehr Zeit und über die Jahre vermutlich mehr Unterstützung beim Wahrnehmen, bei der Reizverarbeitung und in Bezug auf ihr Handeln.

Fühlen

Dein Baby fühlt mit jedem Millimeter seiner Haut und besonders stark mit den Lippen. Durch Daumennuckeln und Fruchtwassertrinken hat es diese im Bauch schon gut genutzt. Weitere sensible Bereiche sind die Handinnenflächen, die Fußsohlen und auch die Genitalien, weil die Haut dort über viele Rezeptoren, also Reizaufnehmer, verfügt. Sei also besonders behutsam, wenn du dein Kind dort berührst. Es wird die Gefühle mögen, aber eventuell auch rasch überreizt sein und benötigt dann die Chance, sich abwenden zu dürfen. Solange es das noch nicht aus eigener Muskelkraft kann, musst du vorsichtig darauf achten, ob ihm etwas zu viel wird. Meist kannst du es seinem Blick und seiner Kopfhaltung entnehmen, die signalisieren: *„Ich habe genug!"*

Dein Baby fühlt mit seinem ganzen Körper, beispielsweise wenn du es trägst, und kennt schnell die typischen Tragehaltungen von euch Eltern. Nimmt jemand anderes es auf ungewohnte Weise hoch, kann es dadurch – oft auch in Kombination mit zum Beispiel einem fremden Geruch – erschrecken. Dieser Person, die dann häufig traurig ist, kannst du sagen: *„Es lehnt nicht dich ab, sondern ist einfach vorsichtig Neuem gegenüber. Denn das bedeutet Unsicherheit."*

KÖRPERTEMPERATUR

Temperaturunterschiede kann dein Baby von Anfang an spüren, ist dabei aber auf deine Hilfe angewiesen, um sich vor starker Kälte oder großer Hitze zu schützen. Viele Erwachsene erschrecken, wenn das Baby kalte Füße und Hände hat. Sie deuten das als Zeichen dafür, dass es friert, und ziehen es daraufhin viel zu warm an. Dabei ist es dort oft kühl, weil die Durchblutung im Babyalter noch nicht so gut funktioniert und der Körper vor allem das Wesentliche heizt: Bauch und Kopf. Kalte Hände oder Füße sind also kein klares Zeichen für zu wenig schützende Kleidung, sondern für die noch nicht ganz rund laufende Durchblutung der Extremitäten. Hier helfen keine Handschuhe und dicke Socken, sondern alles, was die Durchblutung anregt: Hilf deinem Baby durch Beugen und Strecken der Arme und Beine oder Streicheln der Hände und Füße – und sag das auch aufgeregten Verwandten, die sich sorgen.

Erste Orientierungshilfe beim Anziehen deines Babys ist die eigene Kleidung. Orientiere dich daran und ziehe ihm eventuell eine Lage zusätzlich an. Der zweite wichtige Anhaltspunkt ist der Nacken: Fühlst du dort Schweiß oder eine erhöhte Körpertemperatur, ist es deinem Baby wirklich zu heiß. Schweiß auf der Kopfhaut unterm Babyhaar oder an den Käsefüßchen ist nicht der beste Indikator.

Du wunderst dich trotzdem über müffelige Käsefüßchen, die gar nicht herrlich nach Baby duften? Kein Grund zur Sorge: Die Babyfüße haben von Anfang an so viele Schweißdrüsen wie die Füße Erwachsener, nur auf viel weniger Fläche. Das riecht dann auch mal intensiv.

Hören und Sprechen

Spätestens ab der Mitte deiner Schwangerschaft reifte bei deinem Baby langsam das Hörvermögen. An Töne und Stimmen, die es damals häufig hörte, erinnert es sich nun und reagiert merklich darauf, wenn sie wieder auftauchen. Das sind erste Gedächtnisleistungen. Mamas Stimme ist natürlich besonders präsent, aber auch die Sprechweise vom Papa oder möglichen Geschwistern oder Melodien aus der mit Babybauch ständig geschauten Serie können ein wohliges Gefühl der Sicherheit auslösen: *„Juhu, das kenne ich schon!“* Personen, die seine Muttersprache sprechen, sind bereits dem Neugeborenen näher als Menschen, die Worte aus fremden Sprachen nutzen. Menschliche Stimmen kann dein Baby aus anderen Geräuschen herausfiltern und bevorzugt sie sogar, denn es ist durch und durch sozial.

BEKANNTE GERÄUSCHE

Die Tatsache, dass dein Baby Geräusche bereits zuordnen kann, kannst du dir zunutze machen.

Ist es aktiv und möchte spielen? Deine Stimme, die Melodie der Spieluhr und andere bekannte Töne können zu begeisterndem Spielzeug werden. Recht früh beginnt dein Baby, die Geräusche zu lokalisieren und Hören und Sehen besser miteinander zu verbinden. Bietest du den Sound von verschiedenen Stellen aus an, kannst du in den ersten Lebensmonaten gut beobachten, wie es immer besser darin wird, zu erkennen, von wo ein Geräusch kommt: Der Kopf oder der ganze Körper wenden sich den Tönen zu, anfangs fast unmerklich, bald – mit steigender Körperkontrolle – immer deutlicher.

Oder ist dein Baby überreizt und unruhig? Dann können die bekannten Tonabfolgen ebenfalls helfen. Besonders berührt sind Babys in dem Fall oft von Rauschen: der Dunstabzug, der Föhn, das Meer, der Schleudergang der Waschmaschine (alles auch als App zu bekommen). Rhythmisch eintöniges Sausen erinnert vermutlich an das, was dein Kind im Bauch die meiste Zeit gehört hat: *„Juhu, das kenne ich noch!"*

Zum Hören gehört auch das Sprechen. Dein Kind beginnt mit Schreien und nach und nach den ersten, unglaublich niedlichen Lauten. Diese sind weltweit zunächst sehr ähnlich, aber passen sich rasch entsprechend der Umgebungssprache an. Melodien und Tonhöhen sind sogar von Beginn an beim Schreien verschieden, je nachdem welche Muttersprache das Baby im letzten Schwangerschaftsdrittel gehört hat.

Bis dein Kind vielleicht kurz vor dem ersten Geburtstag sein erstes wirkliches Wort sagt, saugt es erst mal ganz viel Sprache auf und probiert seine Artikulationsorgane wie Lippen, Zunge und Stimmbänder spielerisch aus.

Im Grunde ist bei den meisten Babys das Erste, was sie sagen, nicht „Mama“, sondern eher so etwas wie „erööö“.

Wir zählen solche Lautfolgen nicht als Wörter, weil sie nicht mit Bedeutung gefüllt sind. Zunächst hörst du nur solche Babytönchen, Quäken und vor allem viel Geschrei. Dennoch ist es wichtig, wie du mit deinem Kind sprichst:

- Wenn du etwas mit ihm oder in seiner Nähe machst, sprich darüber. Es spürt deine Zuwendung, hört deine Worte, fühlt sich geborgen. Versorgen Eltern ihre Kinder, ohne zu sprechen, und vielleicht auch noch, ohne zu lächeln, ganz mechanisch, „weil sie doch eh noch so klein sind“, irritiert und verunsichert das das Baby.
- Du darfst dabei auch die sogenannte „Ammensprache“ verwenden: einfache Worte und Laute, Wiederholungen, zugewandte Betonung. Sie ist ansprechend für dein Baby, weniger komplex und verbindend: *„Papi ist schon da-da!“*, *„Mag Pepe mit der Mama kuscheln?“* Du musst dafür gar nichts üben, denn diese Art des Sprechens beherrschen eigentlich alle Erwachsenen intuitiv und zeigen sogar automatisch eine ganz herzliche Mimik dabei.
- Wächst dein Kind mit zwei Sprachen auf, hilft ihm derartig vereinfachtes Sprechen dabei, die Sprachen im weiteren Verlauf leichter zu unterscheiden.
- Doch sprich immer wieder auch wie mit einem Erwachsenen mit ihm und verwende korrekte Grammatik. Dein Baby kann relevante Information im Laufe des ersten Lebensjahres immer besser heraushören und die Komplexität fördert seine geistigen Fähigkeiten.
- Reime, Singsang und Lieder werden deinem Baby besonders gefallen. Wiederholst du hier bestimmte Verse oder Melodien, erinnert es sich und fühlt sich durch die Bekanntheit ein Stückchen wohler.

Im dritten Lebensmonat etwa kannst du schon Lallen, Gurren und Kehllaute ausmachen. Dein Baby betreibt spielerisch Stimmbildung und testet alle Artikulationsmöglichkeiten aus, die es hat. Dazu gehört auch, Spuckebläschen auf den Lippen zu bilden und platzen zu lassen. Dieses erste Sprechen ist vor allem sozial: Dein Kind will mit dir eine Verbindung aufbauen, sehnt sich danach, dass du es anschaust und ihm zugewandt antwortest. Die Evolutionsbiologie würde sagen, es geht in Beziehung, um zu überleben.

DAS KINDLICHE GEHÖR

Diese ersten Laute machen auch gehörlose Kinder. Ob dein Baby vielleicht nicht richtig hört, wird mehrfach in den verschiedenen Vorsorgeuntersuchungen durch die kinderärztliche Praxis untersucht. Wenn sich hier eine Unsicherheit ergibt oder du selbst aufgrund deiner Beobachtungen das Gefühl hast, es könnte etwas nicht stimmen, mach einen Termin in einer pädaudiologischen Praxis aus. Dort ist man spezialisiert auf Kinder und hat auch die entsprechenden Geräte und Hilfsmittel, über die eine normale HNO-Praxis womöglich nicht verfügt.

Schreien

Auch Schreien ist Kommunikation. Babygeschrei ist bunt. Du wirst schnell spüren, dass dich das Schreien manchmal mehr fordert als in anderen Fällen. Denn du bist verschieden stark relaxt oder gestresst. Und es gibt Unterschiede in der Intensität oder der Tonlage beim Kind. Manchmal ist zu spüren, dass die Dringlichkeit sehr hoch ist, andere Male klingt es eher wie ein gelangweilt schimpfender Rohrspatz. Leider gibt es hierfür kein „Wörterbuch". Alle Eltern müssen ihr Kind kennenlernen und Reaktionen ausprobieren. Wenn du dein Kind dann versorgst, ist das schon die halbe Miete, auch wenn du nicht sofort genau weißt, weswegen es wohl gerade schreit.

Schreien kannst du durchaus als etwas Positives sehen – versuche es mal. Denn dein Baby kommuniziert mit dir.

Es sucht dich, es will mit dir in Verbindung gehen. Und es lässt raus, was sich an Stress angesammelt hat. Dein Baby ist nämlich gar kein so „hilfloses kleines Würmchen", wie es den Anschein hat. Allerdings braucht es dich als Gegenpart, um richtig stark sein zu können.

Sehen

Die Babyaugen haben schon in der Frühschwangerschaft etwas wahrnehmen können, zum Beispiel ob es draußen vor der Bauchdecke hell oder dunkel war. Aber vor allem: *„Hach, es ist alles so schön rot hier."* Dieses Können zeigt sich in den ersten Monaten nach der Geburt deutlich: Dein Baby liebt alles, was starke Kontraste zeigt (schwarz und weiß oder bestimmte Muster zum Beispiel), rot oder sehr groß ist, sich direkt vor ihm befindet oder sich bewegt. Unbewegliche Reize sind rasch langweilig. Außerdem mag es alles, was auch nur im Entferntesten ein Gesicht hat, denn Menschen sind durch und durch soziale Wesen. Uns Erwachsenen geht es besser, wenn wir nicht allein sind, und unsere Säuglinge brauchen diese Anbindung erst recht.

LIEBLINGSSPIELZEUG

Viele Babysachen passen gar nicht zum Sehvermögen der Kinder, denn sie haben beispielsweise blasse Pastellfarben. Häufig als edel angesehene zarte Grau-, Braun- und Blautöne sind besonders schlecht zu erkennen. Damit sind die Spielsachen für dein Baby besonders langweilig. Manchmal kann man ein Püppchen oder Tierchen upgraden und das Gesicht mit schwarzem Garn nachsticken oder mit wasserfestem Stift nachmalen. Hat ein Spielzeug kein Gesicht, wähle lieber starke, leuchtende Farben als gedämpfte. Dein Baby wird dann definitiv mehr Interesse und Begeisterung zeigen.

Die Babyaugen sind im ersten Vierteljahr noch sehr träge. Vielleicht schielt dein Baby zeitweise – das ist in der Regel kein Grund zur Sorge und spielt sich rasch ein. Schielt es dauerhaft, ist das ein Thema für die nächste Vorsorgeuntersuchung.

Es tut sich außerdem noch schwer, etwas zu fokussieren. Darum ist dein Baby darauf angewiesen, dass du beim Spielen mit ihm langsame Bewegungen machst. So hat es die beste Chance, dir zu folgen. Als Entfernung solltest du etwa 25 Zentimeter wählen – deine halbe Armlänge. Wiegst du es in deinen Armen, hat es also genau dein Gesicht gut im Blick. Bis dorthin reicht seine Sehkraft. Alles, was weiter entfernt ist, verschwimmt noch.

Manchmal bedeutet die Trägheit der Augen aber auch, dass dein Baby sich von einem einmal fokussierten Gegenstand schwer abwenden kann. Wenn du den Eindruck hast, es kommt nicht los, ist aber eigentlich überreizt, bring deine Hand oder dein lächelndes Gesicht in sein Blickfeld. So kannst du ihm helfen.

SPIELE FÜR DIE AUGEN

Es gibt jede Menge Spiele, die Handbewegungen und Gesang vereinen. Wenn du keinen Babykurs besuchst, lohnt sich die Anschaffung eines entsprechenden Buches mit Ideen für Texte, Melodien und Gesten. Summt deine Hand beispielsweise langsam während eines Bienenliedes über dein Kind hinweg, sprichst du Augen, Ohren und Sprachverständnis sowie Motorik an und verbindest die Entwicklung der einzelnen Sinne wunderbar.

Das Sehvermögen wird in den kinderärztlichen Vorsorgeuntersuchungen überprüft, so gut es in diesem jungen Alter geht. Hast du Vorbelastungen in der Familie oder ist dir etwas aufgefallen, was dich verunsichert, sprich das an. Eventuell schickt man euch weiter zu einer fachärztlichen Praxis oder gibt dir auch weitere Ideen zum spielerischen Umgang mit diesem Sinn für zu Hause mit. Häufig werden Sehfehler jedoch erst etwas später im ersten Lebensjahr festgestellt und sind dann immer noch gut behandelbar.

Schmecken und Riechen

Wenn du Schnupfen hast, schmeckst du nicht mehr viel, denn Schmecken und Riechen sind eng miteinander verknüpft. So ist das auch bei deinem Baby. Es kennt schon die herrliche Süße des Fruchtwassers und ist dadurch auf zuckrig gepolt. Wie clever von der Evolution, denn in der Natur ist Süßes meist ungiftig. Auch Mutter- oder Pre-Milch sind dank des enthaltenen Milchzuckers natürlich und unschädlich süß. Das reicht, damit dein Baby sie liebt. Durch die Ernährung einer stillenden Mutter verändert sich der Muttermilchgeschmack auch mal, aber die Hauptprägung bleibt. Deswegen werdet ihr später wahrscheinlich öfter über „*Mehr Schokolade*!“ diskutieren als über „*Mehr Bohnen!*“

Sowohl beim Schmecken als auch besonders beim Riechen ist dein Baby sehr empfindlich und kann kleinste Spuren erfassen. Das ist im Grunde bewundernswert, denn wir Großen sind manchmal schon sehr abgestumpft und brauchen extra viel Curry oder Lavendel für den Kick. Dein Baby hingegen kann anhand einer kleinen Duftprobe seine Sippe wiedererkennen oder bemerken, dass die Milch (oder die Brust) nahe ist.

Aber diese Empfindsamkeit kann dein Kind auch stressen: Für Reizüberflutung reicht manchmal das starke Parfüm der Omi. Dann hast du einen schreienden Winzling, der sich vielleicht kaum beruhigen lässt. *„Zu viel! Zu fremd!“* Hier solltet ihr als Familie darauf achten, dass die Reize nicht zu stark sind (denke auch an Weichspüler & Co.), und euer Umfeld um Rücksichtnahme bitten.

Kontrolle

Irgendwann kann ein Mensch seinen Körper trotz verschiedenster Sinneseindrücke gut kontrollieren. Deinem Baby fehlen dafür aber noch einige Fähigkeiten. Weder sein Gehirn ist weit genug, um bewusst etwas steuern zu können, noch würde seine Muskelkraft dafür ausreichen, gezielt etwas zu nehmen oder von sich wegzuschieben. Zum Glück hat die Natur dafür gesorgt, dass manches daher anfangs nahezu automatisch abläuft. Dein Baby ist mit Reflexen und Reaktionsprogrammen ausgestattet, mit denen es auf Reize bereits typisch reagieren kann:

- Es kann schreien, wenn es überfordert ist, und zappeln, wenn es Bauchweh spürt.
- Es reagiert umgehend verängstigt, wenn etwas ungewohnt oder besonders intensiv, zum Beispiel sehr laut, ist.
- Es verkrallt sich in deinen Haaren, wenn es sie zu fassen bekommt, es breitet seine Arme aus und zieht sie wieder heran (versucht also sich festzuhalten), sobald es das Gefühl hat zu fallen.

- Es saugt an allem, wenn seine Lippen etwas berühren, und lässt deinen Finger nicht mehr los, wenn es ihn einmal umfassen konnte.
- Das gilt auch für die Zehen: Dein Baby kann damit noch ähnlich gut greifen wie mit den Fingern! Legst du einen Finger von dir unterhalb seiner Zehen an den Fuß, wird es versuchen, ihn zu halten.

Ein wenig angepasst und variabel sind die Reflexe aber doch, denn Wachheit und Hunger können zum Beispiel den Saugreflex verstärken und Müdigkeit und Sattheit können ihn verringern.

Manches schafft dein Baby auch aus Zufall: Dann trifft ein Füßchen beim Ganzkörperzappeln den rasselnden Ball oder das Fäustchen landet im Mund. (Saugt das Baby es an und beruhigt sich dabei, ist das hingegen wieder ein Reflex und kein Zufall.) Doch wirkliche Kontrolle lernt es erst später im ersten Lebensjahr, wenn die Sinne stabil verbunden sind und das Gehirn reichlich reifen konnte.

Nachahmung

Schon Babys haben sogenannte Spiegelneuronen im Gehirn, die sie immer weiter verfeinern. Diese helfen ihnen dabei, die Stimmung ihrer Bezugspersonen aufzunehmen. Das bedeutet aber auch, dass ein Baby nicht immer selbst etwas machen oder spüren muss. Manchmal reicht es aus, wenn es dich oder jemand anderen bei etwas beobachtet, damit es die gleiche Reaktion, das gleiche Gefühl in sich spürt.

Denken, Fühlen und Handeln sind bei kleinen Kindern nicht getrennt.

Oft heißt es, dass die Spiegelneuronen in den ersten Lebensmonaten schon so toll funktionieren, dass dein Kind dich in sehr einfachen motorischen Vorgängen imitieren würde. Denn manchmal reißt es wie du den Mund oder die Augen weit auf oder zeigt seine Zunge. Und auch du wirst häufig entsprechend reagieren und mit ihm schmatzen, lächeln, gähnen oder das Gesicht verziehen. Das ist alles schon soziales Miteinander, Kommunikation, die in deinem Kind für gute Gefühle sorgt und es außerdem dabei unterstützt, seine Sinne immer besser zu verknüpfen.

Inwieweit das aber tatsächlich bewusst passiert oder doch eher Zufall ist und im Grunde viel mehr du dein Kind nachahmst, ist laut neuerer Studien nicht ganz eindeutig zu sagen. Erst kurz vor dem ersten Geburtstag entdeckst du ganz bewusste Imitationen (wie z. B. Klatschen, Winken oder Klopfen), die dann wirklich vom Kind ausgehen und mit viel Freude verbunden sind.

Gedächtnis

Kann dein Baby sich schon irgendetwas merken? Was glaubst du? Vieles ist Zufall, Gewohnheit oder Reflex, aber tatsächlich lässt sich belegen, dass Babys sehr schnell bis zu drei Tage lang etwas im Kopf behalten können. Zum Beispiel, dass die eine Puppe immer Musik macht, wenn an dem Band zwischen ihren Beinen gezogen wird (es erwartet dann den Sound), oder dass am Wickeltisch immer das Bild vom Clown mit der roten Nase hängt. (Das Wiedererkennen kann ein wohliges oder auch freudig-aufgeregtes Gefühl auslösen.)

Was kannst du noch tun?

Musst du etwas für die Reifung von Hirn und Sinnesorganen tun? Ja, dein Baby ist auf Unterstützung angewiesen. Natürlich entwickelt sich ein Kind auch ohne jedes Zutun aus eigenem Antrieb, aber ohne entwicklungsfördernde Umgebung und gute Bindungspersonen wirklich nur auf Sparflamme. Studien konnten nachweisen, dass sich die Unterschiede in Ansprache und Fürsorge im ersten Lebensjahr bei Kindern im weiteren Leben deutlich bemerkbar machen. Abweichungen bei den intellektuellen Möglichkeiten sind ebenso wahrscheinlich wie grundsätzliche Bindungsunsicherheit, wenn sensible elterliche Begleitung fehlt.

Das bedeutet nicht, dass du Frühchinesisch und Babyschwimmen buchen musst. Stress und Druck durch derlei Verpflichtungen und feste Kurszeiten können je nach Temperament sogar nachteilig sein. Beim Lernen ist es für jeden Menschen immer wichtig, wie sicher gebunden er sich fühlt und wie gut die Beziehung zu dem oder der Lehrenden oder zum Umfeld ist. Ganz unabhängig von den Inhalten. Du kennst das sicher: Die einfachsten Vokabeln können nicht in den Kopf, wenn man Hunger hat oder in der Schule ständig heruntergemacht wird.

Du bist die Person, welche für menschliche Wärme und Sicherheit sorgen und die Tage für dein Kind in einem guten Wechsel aus Anregung und Entspannung planen sollte. Denke daran, was du über die Sinne gelesen hast und spiel mit deinem Kind in seinen aktiven Phasen entsprechend. Auch simples Wiegen, Singen, Bei-ihm-Sein ist Entwicklungsförderung. Handle langsam und ruhig mit vielen Wiederholungen. Vielfalt wird im Babyalter immer nur für die Eltern geboten; Babys würden sie nicht wählen. Ihre Gehirne freuen sich über immer Gleiches, denn das erleichtert ihnen das Lernen.

Schütze dein Kind vor Überreizung. Das kann bedeuten, dass du immer mal wieder Pläne umschmeißen und Angefangenes abbrechen musst und vielleicht deine Vorstellungen zu kurz kommen. Das wird auch wieder anders!

ZU SPÄT?

Hast du Angst, dein Baby könnte etwas verpassen, weil dich beispielsweise eine Krankheit oder ein forderndes großes Geschwisterkind daran hindert, ihm die Entwicklungsgelegenheiten zu geben, die dir wichtig und sinnvoll erscheinen? Es ist richtig, dass es für jeden Menschen Zeitfenster gibt, in denen er bestimmte Fähigkeiten besonders gut lernen kann. Und dass es später schwieriger wird, wenn dieses Zeitfenster verpasst wurde. Aber erstens ist es in der Regel so, dass das Erlernen zu einem anderen Zeitpunkt zwar herausfordernder, aber nicht unmöglich ist. Selbst ein unsicheres Bindungsverhalten kann umgelernt und repariert werden! Zum anderen ist deine Begleitung sicher ausreichend intensiv, wenn du dich mit all diesen Inhalten hier befasst, auch wenn dein Baby hier und da mal zu kurz kommen sollte.

einfach fühlen

Gefühle und Miteinander

Denken und Fühlen sind eng verknüpft. Bei Kindern ist dies noch besonders stark der Fall, nicht nur im ersten Lebensjahr. Das kindliche Gehirn muss erst noch reifen, um irgendwann bewusster trennen zu können. Dein Baby schwimmt in einem See aus Sinneseindrücken, Gefühlen und dem Glück, mit seinen Bezugspersonen zusammen zu sein. Dabei nimmt es schon jede Menge wahr und muss mit diesen Empfindungen zurechtkommen. Das ist gar nicht so leicht, du musst es dabei unterstützen.

Egal wie anstrengend das ist: Dein Kind tut nichts gegen dich, sondern nur für sich. Um zu überleben, nicht um „einen Machtkampf zu gewinnen“. Lass dich auf die Begleitung ein.

EMPFINDUNGEN DEINES BABYS IM BAUCH

Schon im Bauch hatte dein Baby Empfindungen. Durch äußeren Einfluss können diese negativ geprägt sein. Musste die Schwangere geröntgt oder operiert werden, hat sie Alkohol oder ähnliche Substanzen eingenommen oder ging es ihr besonders schlecht durch außergewöhnlichen Stress, hat ihr Baby das mitbekommen. Das hat unter Umständen Spuren hinterlassen. Möglicherweise zeigt es selbst verstärkt Stress bei Themen wie Schlafen oder Essen und in seinem Schreiverhalten.

Aber: Zeigt dein Baby Regulationsprobleme, ist also leicht irritierbar und hat offensichtlich immer wieder einen hohen Stresslevel, muss das nicht mit deinem Verhalten oder Erleben in der Schwangerschaft zusammenhängen, sondern kann viele andere Gründe haben. Selbst wenn du um möglicherweise auslösende Momente oder Phasen weißt, geh bitte vorsichtig mit dem Schuldbegriff um. Vorsätzlich konsumierte Drogen, um deren Schädlichkeit jede Schwangere weiß, sind etwas ganz anderes als notwendige medizinische Maßnahmen oder unbeeinflussbare Voraussetzungen im Alltag. Auch diese müssen sich nicht schädigend auf das Baby auswirken, es handelt sich hier wirklich um sehr komplexe Zusammenhänge.

Was kann dein Baby schon?

Natürlich kann dein Baby spüren, ob seine Umgebung warm oder kalt ist, etwas weich oder pieksig ist. Aber es kann auch schon ganz andere Dinge fühlen, die viel weniger konkret sind und für die es „Antennen" braucht, nicht die Sensoren seiner Haut: Unruhe oder Angst, Freude oder Staunen, Anspannung oder Entspannung. In den ersten Lebensmonaten ist das für alle Menschenkinder ziemlich gleich. Bestimmte Irritationen drücken quasi Knöpfe und lassen eindeutige Reaktionen folgen. Zum Beispiel würde ein Feuer ebenso jedes Baby ängstigen wie ein ständig abgewandter, distanzierter Elternteil. Beide Fälle lassen sich aus der Evolution heraus begründen, denn sie signalisieren dem Kind: *Lebensgefahr!* Erst im weiteren Verlauf des ersten Lebensjahres mischt hier immer mehr das Gehirn mit. Kennt dein Baby mit der Zeit beispielsweise kurzes Versteckspielen, empfindet es keine Angst mehr, wenn du verschwindest, sondern eher Spaß.

Signale

Bereits in den ersten Lebenswochen hat dein Baby ein Talent für Mimik. Manchmal bewegt es die Gesichtsmuskeln zufällig, manchmal hast du das Gefühl, die Bewegungen seien gezielter. Oft verzieht es sein Gesicht auch reflexartig als Reaktion auf einen Reiz, wie zum Beispiel ein nicht so lecker schmeckendes Fingerchen. In solchen Momenten kannst du seine Gefühle gut erkennen. Nach den ersten Wochen wird das immer kontrollierter. Weit geöffnete Augen und Lippen sind ein wertvolles Signal für dich, denn sie bedeuten, dass dein Baby Lust auf aktive Zeit mit dir hat.

Das Signal, dem du wahrscheinlich am meisten entgegenfieberst, ist das erste Lächeln. Manchmal formt dein Kind seinen Mund schon in den ersten Tagen so, dass es nach engelsgleichem Glück aussieht. Aber das ist noch Zufall. Bewusst kann es seine Freude erst nach etwa sechs bis acht Wochen zeigen. Oft ist das nicht nur ein Zeichen, dass es sich wohlfühlt, sondern es steckt mehr dahinter: Dein lächelndes Baby will sich mit dir verbinden und sichergehen, dass ihr ein Team seid.

VERBINDENDES LÄCHELN

Merke dir das für die weiteren Lebensjahre deines Kindes: Auch Kleinkinder lächeln, wenn sie Verbindung suchen. Je älter der Nachwuchs wird, desto eher vermuten wir Großen dahinter etwas Boshaftes. Drückt das Kind nach dem zehnten Nein den Knopf am Fernseher, grinst es uns doch an, weil es uns ärgern will – oder? Nein. Dein Kleinkind kann keine derartigen Pläne schmieden. Wie dein Baby auch will es sich rückversichern, wie die Bindung ist und ob es geliebt wird. Es braucht dann Zuwendung und Miteinander und kein Schimpfen.

Regulation

Zu Beginn des Lebens beeinflussen die Gefühle den Menschen noch, ohne steuerbar zu sein, vor allem die negativen. Ein Baby kann sich nicht sagen: *„Das, was ich da spüre, ist ja in echt gar nicht so tragisch.“* Es nimmt, auch über die Spiegelneuronen, viel auf und muss diese Gefühle – besonders Anspannung, Stress, Frust – regulieren, um gut durch den Tag zu kommen. Hier gibt es schon entscheidende Unterschiede von Kind zu Kind, die uns Eltern die Begleitung leicht oder schwer machen können.

- Manche Babys kommen **regulationsstark** zur Welt und können meistens sehr gut für sich selbst sorgen. „Anfängerbabys“ heißt es da gern, weil sie so leicht zu begleiten sind. Mit deinen Fähigkeiten als Mama oder Papa hat das allerdings nichts zu tun.
- Andere Babys sind weniger regulationsstark, können aber gut signalisieren, was sie wann benötigen. Sie sind **bindungsstark.** Ihre Begleitung ist ein wenig anspruchsvoller, aber meist gut zu leisten. Oft reicht ihnen schon, etwas Gewohntes zu riechen, zu sehen oder zu hören, um sich zu beruhigen.

- Wieder andere sind **besonders regulationsschwach** und sehr leicht irritierbar. Sie kommen allein nicht zurecht, können ihre Hilfsbedürftigkeit auch nicht gut anzeigen und müssen über die Jahre Strategien lernen, um sich selbst zu regulieren. Als Säuglinge (und auch später noch) brauchen sie besonders viel Körperkontakt und Nähe. Das sind die Babys, die uns besonders fordern. Je älter sie werden, desto besser können sie Anpassung und Bewältigung bei guter Begleitung lernen.

REGULATIONSSCHWACH ODER GEFÜHLSSTARK?

Die Autorin und Journalistin Nora Imlau prägte den Begriff gefühlsstark (statt regulationsschwach). Mit diesem Wort und den Begriffen regulations- und bindungsstark lässt sich beschreiben, wie Kinder von Geburt an mit ihren Gefühlen umgehen können: entweder sehr kompetent im Steuern, sehr fähig darin, für Hilfe zu sorgen, oder aber sehr ausgeprägt im Er- und Ausleben und damit hilfsbedürftig beim Regulieren. Nutzt du statt „regulationsschwach" lieber „gefühlsstark", ermöglichst du dir und auch deinem Umfeld einen wertschätzenden Blick auf das betreffende Kind.

Saugen reguliert, beruhigt also ein Baby sehr zuverlässig. Zum Glück kann es das ganz allein, es muss nur etwas Geeignetes im Mund haben. Manchmal ist es die Faust oder es sind ein paar Finger, aber Brust und Schnuller darfst du auch von dir aus anbieten. Dein Baby saugt dann normalerweise gleich los. Du musst nur die Wange berühren und schon sucht und findet es die Stelle, an der es saugen muss. Mach dir keine Sorgen um schiefe Zähne oder „schlechte Angewohnheiten". Das Saugbedürfnis ist ganz natürlich und sehr stark. Es wird der Zeitpunkt kommen, zu dem das Thema ein Ende findet, aber ganz sicher nicht jetzt. Achte nur auf passende Schnullergrößen.

Schreien

Mitgebrachte Regulationsstrategien von Babys sind:

- das reflexhafte Abwenden, wenn es ihnen zu viel wird
- ein glasiger Blick, wenn sie genug aufgenommen haben
- Einschlafen
- Schreien

Im Grunde ist vor allem Letzteres ein super Konzept: *„Ich kann nicht sagen, was ich brauche, ich kann auch nicht weg aus der Situation. Also mache ich meine Helfer*innen lauthals darauf aufmerksam, dass es mir schlecht geht!“* Wenn es uns Erwachsene nur nicht so angreifen würde. Schreien ist aber niemals Manipulation, auch wenn das immer wieder einige Stimmen hartnäckig behaupten. Im Grunde ist es toll, welche Cleverness deinem Baby da zugetraut wird, aber dahinter steckt eher ein abwertendes Kinderbild. Schreien ist ein simples Signal, das gerade im Babyjahr noch ganz unbewusst losgeht: *„Hör mir zu!“*

Ein Baby schreit zum Glück meist nicht sofort los, sondern zeigt vorher körperliche Unruhe oder startet mit leicht meckernden Tönchen. Manchmal hast du Glück, bemerkst es früh und kannst gut reagieren, indem du die fordernde Situation beendest.

Du hast ein großes Repertoire an Unterstützungsmöglichkeiten:

- Baby auf den Arm nehmen
- den lauten Moment mit Baby verlassen
- Singen und Wiegen
- ab in die Tragehilfe
- Saugenlassen
- beim Einschlafen helfen

Manchmal wirst du aber auch zu spät dran sein oder dein regulationsschwaches Baby fordert durch extralanges Schreien Hilfe ein. Das sind die Momente, die kaum ein Schwangerschaftsratgeber erwähnt. Die Lautstärke und die Not des Babys können enorm belasten.

*Du bist kein schlechter Elternteil, wenn dich das Geschrei extrem fordert. Jedes Baby ist anders und jede*r Erwachsene auch.*

In diesen Situationen ist die **„Emotionelle Erste Hilfe“ (EEH)** sehr wertvoll, bei der es viel um deinen Körper und deine Wahrnehmung geht. Professionelle EEH-Berater*innen schauen sich euer ganzes Familiensystem an und regen teilweise Psychotherapie an. Dabei geht es darum, eure Bindung so zu fördern, dass du dein Kind gut begleiten kannst und es sich sicher fühlt.

Fühlst du dich überfordert, bist vielleicht sogar aggressiv, weil dein Baby so viel schreit, lohnt sich die Kontaktaufnahme mit der EEH, einer Schreiambulanz oder einer anderen Beratungsstelle zu diesem Thema. Sprich offen darüber und lass dir helfen. Das ist nichts wofür du dich schämen müsstest! Eine gute Anlaufstelle sind hier ebenso die „Frühen Hilfen“, die es inzwischen fast überall gibt.

Auch sonst können dir einige Erkenntnisse aus der EEH helfen, um erst einmal allein gut zurechtzukommen, wenn du dich dazu imstande fühlst:

- Ist dein Baby nicht hungrig und hat wahrscheinlich keine Schmerzen, dann schreit es, um Regulationshilfe zu bekommen. Es möchte aus der Überreizung heraus.

- Dafür braucht es auf keinen Fall etliche weitere Reize (noch eine Spieluhr, noch eine Rassel, noch eine Lichtquelle ...), sondern nur Entspannung.
- Die findet es am besten, wenn du selbst entspannt bist, und dafür darfst du sorgen. Gehörschutz, ruhige Musik per Kopfhörer, konzentriertes Atmen, abschweifende Gedanken an schöne Erinnerungen oder tolle Pläne können hier dein Weg sein.
- Komm weg von dem Gedanken „*Ich muss dafür sorgen, dass das Schreien schnell aufhört!*" und hin zu dem Blick „*Ich muss nur da sein. Meine Ruhe wird seine Ruhe.*"
- Trage dein Kind, wenn möglich, aufrecht in einem Tuch oder einer anderen Tragehilfe. Halte oder streichle es trotzdem, wenn du kannst. Die Berührungen sind unheimlich wertvoll für dein Baby.
- Wenn du es nicht tragen kannst, weil der Rücken schmerzt oder du fürchterlich müde bist, ist es auch okay, einen großen Hüpfball zu nutzen oder dich einfach hinzulegen und dein Baby zu halten, auch wenn das Beruhigen im Laufen vielleicht schneller funktionieren würde. Du bist auch wichtig!
- Manchmal schreit ein Baby so stark, dass es plötzlich das Einatmen zu vergessen scheint. Dann puste es an, damit es reflexhaft wieder Luft holt.

Bevor du deinem Kind vielleicht vor lauter Überforderung und Last wehtust, lass es lieber kurz in einer sicheren Situation allein, beruhige dich und hol Hilfe, wenn möglich. Das ist kein Zeichen für Schwäche, sondern für Stärke. Du bist ehrlich zu dir, erkennst, dass du dich kurz aus der Situation nehmen musst und hast vielleicht sogar den Mut, um Hilfe zu bitten.

In meiner Begleitung von zahlreichen Babys war es oft eine Hilfe, dem auf dem Rücken liegenden Kind leise Mut zuzusprechen, ihm in die Augen zu schauen und dabei beide Hände eng um seinen Kopf zu legen sowie sein Gesichtchen mit einem Daumen sanft zu streicheln.

Viele Kinder schreien regelmäßig am Abend. Die eine Hälfte deines Freundeskreises sagt dir wahrscheinlich, das seien Drei-Monats-Koliken, also Bauchweh. Die andere erklärt dir womöglich, dein Baby verarbeite nur den Tag. Wer recht hat, kannst du schwerlich herausfinden. Wichtig ist, dass der Umgang damit im Grunde identisch ist: Begleite dein Kind wie oben beschrieben. Wenn du das Gefühl hast, es könnten tatsächlich Schmerzen dahinter stecken, sprich mit der kinderärztlichen Praxis.

BERUHIGENDE GERÄUSCHE

Viele Eltern nutzen gleichmäßige Geräusche wie die eines Föhns oder der Dunstabzugshaube, das sogenannte „White Noise", wie schon im Abschnitt über Hören und Sprechen kurz erwähnt. Dafür gibt es sogar Apps, um den Ton jederzeit und überall abrufen zu können. Denn fast alle Babys reagieren darauf mit Entspannung und können leichter in den Schlaf finden. Sie hören das Rauschen, von dem vermutet wird, dass es an die Geräuschkulisse im Bauch der Mutter erinnert.

Du solltest darauf achten, das Rauschen nicht zu laut und nicht direkt am Babyohr abzuspielen sowie es auszustellen, wenn dein Kind gut eingeschlafen ist. Sonst kann eine Gewöhnung eintreten.

Dann hilft es entweder nicht mehr beim Einschlafen oder es geht gar nicht mehr ohne. Häufig ist das etwa nach den ersten sechs Lebensmonaten der Fall. Das wäre der Zeitpunkt, „White Noise" auszustellen und sich auf andere Hilfsmittel zu besinnen. Umgewöhnen ist immer möglich, nur mit etwas Einsatz verbunden.

Persönlichkeit

Wie regulationsstark oder -schwach ein Baby ist, ist ein fester Teil seines Wesens, zu dem auch noch weitere Merkmale gehören. Für dich interessant sind sicher die folgenden:

- Reizbarkeit: Ein Baby kann sehr rasch von Reizen überfordert und nervös sein oder ganz lange ein sonniges, ruhiges Gemüt behalten.
- Aufmerksamkeit: Manche Babys sind in der Lage, etwas schon erstaunlich lange zu beobachten, während andere mit weniger Ausdauer auf die Welt kommen.
- Grundstimmung: Einige Babys wirken gleich, als steckten sie voller Optimismus. Sie sind von Grund auf sehr entspannt, während anderen die Zuversicht noch zu fehlen scheint. Sie zeigen eher starke Angst, verlassen zu werden.
- Offenheit und Aktivität: Einige Babys haben viel Lust, die Welt zu entdecken, und sind geradezu gesellig, manchmal auch übermütig. Sie sind richtige Macher und Weltentdecker. Andere sind sehr zurückhaltend und ängstlich, wirken eher zögerlich und gemütlich.
- Rhythmus: Etliche Babys scheinen schon einen ganz guten Tagesrhythmus mitzubringen. Aktive und passive Phasen wechseln sich berechenbar ab oder finden immer zu ähnlichen Zeiten statt. Aber bei vielen lässt sich eine derartige Verlässlichkeit lange nicht feststellen und bildet sich erst klarer bis zum ersten Geburtstag aus.
- Bindungsverhalten: Viele Babys können gut zeigen, wieviel Nähe oder Freiheit sie benötigen, und wirken kooperativ. Andere können das von Anfang an nicht so gut und erscheinen fast misstrauisch.

Das alles und noch viel mehr macht eine Person aus und bleibt recht stabil erhalten. Wie stark das mitgebrachte Temperament sich zeigt, ist aber in den folgenden Jahren auch abhängig vom Erziehungsstil der Bezugspersonen und den allgemeinen Lebensbedingungen.

All diese und weitere Merkmale in ihren verschiedenen Kombinationsmöglichkeiten unterscheiden die Kinder voneinander. Sehr reizbare, eher unaufmerksame, ängstliche und passive Babys kommen allgemein langsamer in dieser Welt und auch in ihrer Familie an. Reizbare, unaufmerksame, wilde und aktive Babys benötigen besonders viel Unterstützung. Es lässt sich jedoch nicht definitiv sagen, dass ein Kind mit den Merkmalen X, Y und Z besonders anstrengend in der Begleitung ist, denn das hängt immer auch von seinem Gegenüber ab. Manche Merkmalkombination wird dich ganz persönlich mehr herausfordern als andere Menschen. Deswegen ist es unsinnig zu sagen *„Das Baby macht es so schwer!“* oder *„Ich mache alles falsch!“* Denn Probleme entstehen immer im Zusammenspiel dieser Puzzleteile.

Die beste Begleitung aller Wesensarten ist eine bedürfnisorientierte, bei der du darauf schaust, was dein Kind benötigt, und genauso auch darauf, was du brauchst, um noch kompetenter zu werden. Das sind in der Regel vor allem Informationen rund um die Entwicklung, Ideen für den Alltag und Platz für dich selbst.

Schlafen

Das Schlafverhalten deines Babys ist abhängig von
- einigen Temperamentsmerkmalen,
- den zuvor besprochenen Regulationsfähigkeiten,
- aber besonders von der Gehirnreifung (Was nichts mit Intelligenz zu tun hat!)
- und der Umgebung, die es vorfindet.

Entgegen mancher Aussagen, Zitate und Buchtitel **kann ein gesundes Baby von Anfang an schlafen**, nur meist nicht so, wie es für uns Große angenehm wäre:
- Dein Baby braucht mehr Schlafunterbrechungen, um zu checken, ob noch alles sicher ist.
- Es braucht fast immer jemanden an seiner Seite.
- Es hat sehr leichte Schlafphasen, in denen es seinen Tag verarbeitet und eventuell sehr aktiv, halbwegs wach erscheint.
- Es braucht i. d. R. noch Nahrung, um durch die Nacht zu kommen.

Es existiert eine Vielzahl von Tabellen und Übersichten, die dir erzählen wollen, es gäbe ein klares Alter, bis zu dem nächtliches Essen okay sei und danach nicht mehr. Die schiere Menge derartiger Ratschläge bedeutet nicht, dass diese Angaben stimmen. Jedes Kind ist anders! Es gibt keine Schlusslinie. Viele kommen nach dem ersten Geburtstag ohne Essen durch die Nacht, manche nach dem zweiten noch nicht. Wenn du dazu konkrete Fragen hast, lass dich am besten beraten.

*Erst mal heißt es ganz klar:
Wer Hunger hat, darf essen!*

Eine Schwangere kann oft spüren, dass ihr Baby in den letzten Wochen eindeutig wache und dann wieder ruhige Phasen hatte. Die haben aber nichts mit unserem Tag-Nacht-Rhythmus zu tun. Der ist deinem Baby jetzt noch unbekannt und Kinder brauchen eine Weile, bis sie ihn verstehen und ganz annehmen können. Sie schlafen nach Müdigkeit, nicht nach Dunkelheit oder Uhr. Allerdings lässt sich rasch und spätestens nach etwa drei Monaten beobachten, dass die Mehrzahl der verschlafenen Stunden zum Glück auch in deine Schlafenszeit fallen, nur leider oft mit Unterbrechungen.

Wenn du dir den Tag deines Neugeborenen als Pizza vorstellst, sind anfangs im Schnitt drei Viertel schon mal reserviert fürs Schlafen. Ein kleines Stückchen vom Rest ist Schreizeit, um den Tag zu verarbeiten. Und das restliche Bisschen ist wache Zeit, in der dein Kind mal aktiv und mal ruhiger ist und nur schauen mag. Das klingt doch machbar?! Die aktive Zeit bemerkst du meist daran, dass dein Baby sich stark bewegt und dabei gute Laune hat. Jetzt freut es sich über neue Reize und Eindrücke von dir.

Der Babykörper weiß schon, dass Schlaf wichtig ist, um zu entspannen und aufzutanken, aber das Babyhirn weiß nicht immer, dass alles im Umfeld sicher ist. Während dein Kind von tiefen in leichte und wieder in tiefere Schlafphasen wechselt, muss es sich anders als du manchmal rückversichern, dass es noch gut aufgehoben ist. Unsicherheit und Alleinsein machen Stress und echte Angst. Begleitung hingegen schenkt Vertrauen und Nähe. Du kannst ihm dies geben.

Wie genau eure Bettenplanung aussehen soll, hängt ganz allein von euren Bedürfnissen ab: Vom Familienbett über täglich wechselnde Matratzenlager bis hin zu getrennten Zimmern ist alles denkbar, wenn ihr damit zurechtkommt. Die meisten Familien müssen viel ausprobieren und sich den geänderten Bedürfnissen immer wieder neu anpassen. Das ist gar nichts Ungewöhnliches.

GRUSELIGES RÖCHELN

Später beim Essen, aber von Anfang an beim Schlafen kann es passieren, dass dein Baby Atemgeräusche macht, die dich ängstigen. Müssen sie in der Regel nicht. Denn dein Baby hat einen unglaublich klugen Körper. Wenn sich nachts im Liegen, vielleicht nach dem Milchtrinken, Schleim in seinem Hals bildet, muss der hinaus. Dann röchelt oder hustet es, manchmal klingt es auch wie ein ausgewachsenes Schnarchen. Damit hilft dein Baby sich selbst und in der Regel musst du nichts unternehmen. Bist du unsicher, nimm es aber ruhig hoch an deine Schulter. In aufrechter Haltung kann alles besser abfließen.

Manchmal steckt auch der erste Schnupfen dahinter. Ein dünner Aktenordner, vielleicht gepolstert mit einem Handtuch, unter der Matratze oder auch darauf, aber unter dem Laken, ermöglicht deinem Baby eine leicht erhöhte Schlafposition, sodass der Schleim aus Hals und Nase besser ablaufen kann.

Wenn dich das Röcheln in mehreren Nächten hintereinander irritiert, lass es zur Sicherheit kinderärztlich abklären.

Was kannst du noch tun?

Die Begleitung deines Babys kann wie gesagt unterschiedlich herausfordernd sein. Die Regulationsfähigkeiten deines Kindes können gut zu dir passen oder aber dich an den Rand deiner Kräfte bringen. Es ist wichtig, das zu wissen, denn mit welcher Variante du zu tun haben wirst, ist nicht voraussagbar. Viele Erwachsene werden von den herausfordernden Situationen geradezu überrollt und fühlen sich schnell schuldig. Du bist nicht schuld am Temperament deines Kindes. Selbst an vielen äußern Umständen nicht.

Vergleich dich nicht mit anderen, denn sie bringen andere Voraussetzungen mit und erleben andere Umstände als du. Hab Nachsicht mit dir: Eltern**sein** ist immer erst mal Eltern**werden**, ein Lernprozess. Schau, was du lernen kannst, über dein Kind und seine Begleitung, und schau, ob du Hilfe brauchst. Das kannst du für euch tun!

Bindung und Regulation

Du kannst immer versuchen, eure Bindung zu verstärken, indem du deinem Kind das wichtigste Beruhigungsmittel gibst: deine Haut! Haut an Haut ist es ruhiger, sicherer und kann durch diese Nähe gestärkter in der Welt ankommen.

- Streichle dein Baby mit deiner bloßen Hand, statt irgendein Tuch oder einen anderen Gegenstand zu benutzen.
- Lass dein Baby nackt auf deinem nackten Bauch liegen, nicht nur gleich nach der Geburt.
- Lass den Babykopf in deiner Hand ruhen, wenn du dein Kind trägst oder es zum Beispiel auf deinen Beinen liegt.
- Spiel mit viel Hautkontakt mit ihm, beispielsweise indem du die noch bestehenden Reflexe nutzt (siehe nächstes Kapitel).
- Trag dein Baby mit oder ohne Tragehilfe immer wieder Haut an Haut, wenn es passt.

Auch Augenkontakt schafft Bindung und einander anzuschauen ist für Säuglinge das erste soziale Miteinander. Ebenso können deine Wärme, dein Geruch, dein Herzschlag, deine Atmung für dein Baby wie ein Nest sein. Und Tragen ist eine der wichtigsten Bewältigungshilfen für dein Baby: Stress, Müdigkeit und Überforderung lassen sich einfangen, wenn es sich dir im Tragen nahe fühlt und zusätzlich das Schaukeln oder Wiegen spürt, das es schon aus dem Bauch kennt.

Das Kind zu wiegen ist ein typischer Impuls den eigentlich alle Erwachsenen haben. Das Baby fühlt sich dadurch geborgen wie im Fruchtwasser damals. Wahrscheinlich wirst du immer noch ab und an gedankenverloren den Einkaufswagen schuckeln, wenn dein Kind längst in der Kita ist.

Alle Bezugsperson können auf diese Weise die Bindung zum Kind stärken, nicht nur Mama und Papa, sondern auch ein Pate oder eine Patin, die Großeltern und große Geschwister. Diese Art der Geborgenheit zeigt deinem Baby, dass seine Gefühle wahrgenommen und seine Bedürfnisse gut beantwortet werden. Damit legt ihr die beste Basis für das Reifen seiner emotionalen Intelligenz und seiner Bindungssicherheit.

MITGEFÜHL STÄRKEN

Stärken kannst du diese Entwicklung, indem du die Ausbildung der schon erwähnten Spiegelneuronen anstößt, die jedes Baby in sich trägt. Hier macht Übung den Meister: Dein Kind lernt über die nächsten Jahre, deine Gefühle zu erkennen und mitzufühlen, aber auch deine Absichten zu verstehen und bestimmte Handlungen zu erwarten. Spielerisch kannst du hier schon jetzt unterstützen, indem du beispielsweise dein Kind anlächelst und es das bald beantworten wird. Es spiegelt und schwingt immer besser mit dir und anderen mit. Natürlicherweise achten Erwachsene dabei auf Augenkontakt mit dem Kind, denn der schenkt einem Baby Sicherheit.

Auch wenn du selbst beziehungsweise alle engen Bezugspersonen die beste Unterstützung für ein aufgewühltes, überreiztes Baby sind, gibt es sinnvolle Hilfsmittel, über deren Nutzung du nachdenken kannst und die dir keinesfalls ein schlechtes Gewissen machen sollten. Ein Schnuller ist für viele schnell zur Hand, aber an Rüstzeug zum Tragen, Schaukeln oder Wohlfühlwickeln fehlt es zunächst manchmal. Ein Segen kann eine Babytrage (oder auch ein Tragetuch) sein, und zwar von Anfang an. Wichtig ist, dass der Babykopf gut gestützt wird und das Kind in einer gesunden Haltung ist, aber auch für dich sollte die Tragehilfe richtig angepasst sein. Gönn dir unbedingt eine Trageberatung! Ebenso sinnvoll ist oft ein Hüpfball, damit du beim Schaukeln nicht immer laufen musst. Für regulationsschwächere Babys eignen sich unter Umständen auch Materialen zum Pucken. Dieses enge Wickeln kann beruhigen und auch zu besserem Schlaf verhelfen. Nutze das aber nur gut angeleitet und in den ersten Monaten. Auch hierfür gibt es fertige Pucksäcke zu kaufen. Frag deine Hebamme.

Erholsamer Schlaf. Erholsamer Schlaf? Mit Baby?? Wahrscheinlich wirst du den erst einmal nicht bekommen (vielleicht doch – die Hoffnung stirbt zuletzt), denn die meisten Babys schlafen unruhig und unstet. Du musst dir die benötigte Ruhe wahrscheinlich über Nacht und Tag zusammenkratzen. Wir Eltern können das in der Regel eine ganze Zeit lang gut wegstecken. Aber dein Kind braucht unbedingt erholsamen Schlaf. Er ist wichtig für seine gesunde Entwicklung. Erholsam bedeutet vor allem stressfrei, das heißt sicher, in deiner Nähe und satt. Das ist dein Job.

- Gestalte das Bett als Wohlfühlort und sei nah bei deinem Kind.
- Sorge für einen regelmäßigen Tagesablauf und die Chance, auch tagsüber immer wieder Schläfchen machen zu können. Dass ein Baby nachts besser schliefe, wenn es tagsüber weniger Schlaf bekommt, ist ein Irrglaube.

- Kümmere dich um eine behütete Atmosphäre zur abendlichen Einschlafzeit (die nicht jeden Tag zur gleichen Uhrzeit sein wird – wahrscheinlich noch einige Jahre lang nicht).
- Hilf deinem Baby dabei, Verbindungen zu knüpfen, die ihm das Einschlafen erleichtern: ein Bad vorweg, gedimmtes Licht, ein immer gleiches Liedchen – derlei Einschlafassoziationen können es seinem Organismus erleichtern, das Schlafen zuzulassen.
- Achte auf eine passende Matratze, die nicht zu weich ist, damit dein Baby sich anfangs nicht aus Versehen nachts auf den Bauch dreht und Laken und Matratze die Atmung erschweren.
- Versuche, dein Kind in Rückenlage abzulegen, aber werde nicht nervös, wenn es eher ein Seitenschläfer ist. Diese Embryonalstellung ist natürlich kuschelig (wieder mal wie in Mamas Bauch!) und unter Umständen erleichtert sie auch das Abfließen von überflüssiger Milch oder Schleim aus Hals und Nase.
- Meist wirst du sofort wach, wenn dein Baby nachts unruhig wird. Beobachte den leichten Schlaf deines Kindes. In diesen aktiven Phasen kann es gut sein, dass es nur verarbeitet und du es beim Aufnehmen wecken würdest. Gib ihm die Chance, in deiner Nähe, aber ohne dein Zutun wieder in tieferen Schlaf zu gelangen. Manchmal gelingt das schon in den ersten Lebensmonaten.

Für eher schwierige Zeiten, in denen das Schlafen gefühlt euer Dauerthema ist, aber auch sonst hilft der Weg des „aktiven Annehmens“: Je besser du innerlich akzeptieren kannst, dass die aktuelle Situation herausfordernd ist, und je mehr du damit rechnest, dass es wieder anstrengend wird, desto besser kannst du damit umgehen und sie aushalten. Anstatt zu hoffen, dass es heute gut wird, und dann enttäuscht zu sein, rechne lieber mit Unannehmlichkeiten – und freu dich, wenn sie mal nicht eintreten.

Trotzdem darfst du aktiv werden und schauen, wo sich kleine Dinge verändern lassen, damit es euch nach und nach zusammen besser geht. Das dürfen in Bezug auf das Schlafen auch Handlungen sein, die du nicht auf ewig durchziehen möchtest: Das Baby kommt zu euch ins Bett oder du trägst es zum Einschlafen? Wenn das jetzt gerade für dich machbar ist und deinem Kind hilft, dann tu es. Ihr könnt alles wieder verändern, wenn es für einen von euch nicht mehr stimmt. Das ist dann sicher ein gewisser Aufwand, aber wenn du wirklich nicht mehr willst, hast du auch die Kraft für liebevoll begleitete Veränderungen.

Manche Babys schlafen unfassbar gut in einer Federwiege, die man gut gebraucht kaufen kann. Du musst sie aber hin und wieder anstoßen, auch wenn du selbst so k.o. bist. Die simple Lösung lautet hier: Häng sie nicht in die Küche oder den Durchgang im Flur, sondern über das Sofa oder dein Bett!

Bewegen und Entdecken

Kopf hoch & viele Reflexe

Schon im Bauch war dein Baby aktiv. Mütter spüren irgendwann die ersten Regungen und im Laufe der Schwangerschaft immer kräftigere Tritte oder geradezu Purzelbäume. Das Fruchtwasser hilft dem Kind dabei: Schwerelos wie wir im Schwimmbad kann es turnen, obwohl noch kaum Muskelkraft vorhanden ist.

Was kann dein Baby schon?

Ist dein Baby geboren, verändert sich das natürlich. Ohne Fruchtwasser kann es zunächst einmal nur liegen. Dabei zeigt es „Massenbewegungen“, bei denen immerzu fast der ganze Körper beschäftigt ist und es keine Hand oder gar einen Finger einzeln ansteuern kann.

Seine Bewegungen geschehen vor allem zufällig und ganz spontan. Erst wenn Augen und Ohren klar sehen und zuordnen können, wo es etwas Interessantes zu entdecken gibt, werden die Bewegungen allmählich deutlich absichtlicher. Nur die Mimik im Gesicht ist durch Spiegelneuronen und Nachahmung schon früher steuerbar.

Der Kopf

In Bauchlage oder auch aufrecht getragen vor deinem Körper kann dein Kind meist schon im ersten Lebensmonat seinen Kopf halten. Wie lange unterscheidet sich von Kind zu Kind. Stütz den Nacken immer gut, wenn du dein Kind mit beiden Händen vor dir hältst und ihm ins Gesicht schaust. Erlöse es rechtzeitig, wenn ihm das Liegen auf dem Bauch zu anstrengend wird.

Die Hände

Die meiste Zeit über sind die Hände deines Babys jetzt noch geschlossen. Seine kleinen Fäustchen zappeln mit dem Babykörper mit. Öffnen sich die Finger einmal etwas, schließen sie sich oft gleich darauf reflexhaft um einen dazwischen gelegten Gegenstand oder den Finger einer anderen Person. Das verliert sich etwa nach den ersten drei Lebensmonaten, sobald dein Baby genauer steuern kann, was seine Hände tun sollen.

Manchmal landet ein Händchen ungeplant im Mund. Lutscht dein Baby dann daran, ist das meist nur Erkundungslust. Wird das Saugen aber stärker und schmatzt dein Kind vielleicht auch noch kräftig dabei, kann das ein frühes Zeichen für einen knurrenden Magen sein.

Die Reflexe

Neben dem genannten Greifreflex bei Berührung der Handinnenfläche bestimmen in der ersten Zeit nach der Geburt auch andere Reflexe die Bewegungsabläufe mit. Eindrucksvoll ist der Schreitreflex, der sich etwa in den ersten zwei Monaten zeigt, wenn man das Baby wie einen Spaziergänger oder eine Spaziergängerin aufrecht hält. Es „läuft“ dann mit seinen Füßen. Inzwischen ist man sich in der Wissenschaft einig, dass das Baby diese Reaktion nicht komplett unbewusst ausführt, sondern Willensanteile von Anfang an dabei sein können. Sein kluges Köpfchen entwickelt sich rasch. Die Reflexe helfen ihm aber bei einem sicheren Start ins Leben und sind damit aus evolutionärer Sicht sinnvoll. (Beispielsweise der Mororeflex, also das Festklammern bei einem Fallgefühl, das sich etwa ab der sechsten Lebenswoche zeigt.)

Du kannst von Beginn an mit deinem Baby spielen, indem du seine Reflexe nutzt. Damit schenkst du ihm Nähe und bietest ihm Gelegenheiten, zu reifen und sich gut zu entwickeln. Beispielsweise müssen wir, wie bereits beschrieben, gegen kalte Hände nicht zwingend etwas tun. Aber wir können: Streichelst du den Handrücken der kleinen Faust, so öffnet sich diese. Berührst du dann die Handinnenfläche, schließt sie sich wieder. Bei mehrfacher Wiederholung regt dein Baby so quasi selbst die Durchblutung an und seine Hände werden warm. Ähnliches gilt für die Füße, wenn du auf der Fußsohle direkt unterhalb der Zehen und an der seitlichen Kante entlang streichst. Die Füße geraten in Bewegung. Diese Reaktion zeigen viele Babys sogar fast bis zum ersten Geburtstag. Liegt dein Baby auf dem Bauch, kannst du ihm an den Füßen mit deinen Händen einen Gegendruck geben: Dann sieht es so aus, als würde es bereits loskriechen.

Den Mororeflex hingegen, also das Erzeugen eines absichtlichen Fall- oder auch Schreckgefühls, solltest du nicht zum Spielen nutzen, denn das stresst dein Baby.

Was kannst du noch tun?

Ohne Kleidung

Gönn deinem Baby viel Nacktheit. Bei Wärme ist das überall möglich, wenn dein Kind sich wohlfühlt. Ansonsten kann eine Wärmelampe am Wickeltisch ausreichend Wohlfühltemperatur erzeugen und auch eine isolierte Picknickdecke hilft auf Fußböden. Ohne Kleidung hat dein Baby die Chance, sich besser zu bewegen und intensiver zu fühlen.

Mit Kleidung

Babykleidung gibt es von Pyjama-Style über todschick bis hin zu sportlich-cool. Empfehlenswert ist es, beim Kauf nicht nur darauf zu achten, dass dein Kind niedlich oder hip aussieht, sondern vor allem, dass die Kleidung es nicht stresst: Hosenträger von Latzhosen können an dem noch kaum sichtbaren Hals stark reiben, steife Jeanshosen können das normale Zappeln sehr erschweren, und Shirts, die man über den Kopf anziehen muss, nerven die meisten Babys kolossal.

Es gibt so viele tolle Alternativen mit Knöpfen und Reißverschlüssen, zum Wickeln und Krempeln oder um das Baby quasi mit den Beinen hineinschlüpfen zu lassen. Manche kindliche Aufregung kannst du vermeiden, wenn dein Säugling gar nicht erst Zwickendes, Kratziges und Einengendes auf seiner Haut spüren muss.

Am Wickeltisch

Gerade die Momente beim Wickeln könnt ihr als gemeinsame, positive Zeit nutzen, die nicht nur der Körperhygiene dient, sondern auch eurer Verbindung, der Weiterentwicklung der Motorik und dem gemeinsamen Spiel. Babymassagegriffe darfst du anwenden, sobald der Nabel abgeheilt ist, und einige sind wirklich leicht und ohne Anleitung in einem Kurs umzusetzen:

- Massiere beispielsweise deinem Baby in Rückenlage den Bauch im Uhrzeigersinn, was auch der Verdauung guttut.
- Oder stütze in Bauchlage des Kindes seinen Kopf mit der einen Hand an der Stirn und gleite mit der anderen leicht gewölbten Hand immer wieder vom Hinterkopf über den Rücken bis zum Po.

Wenn du gut aufpasst, kannst du dein Baby in den ersten Monaten auch nackt und mit dem Kopf zu dir auf den Bauch legen, oder dich unterhalb der Wickelfläche hinhocken. Kann und mag es seinen Kopf heben und halten, hat es in dieser Lage vielleicht besonderen Spaß daran, weil es dich gut sehen kann. Aber achte darauf: Manchmal stoßen sich die Babys mit dem Fuß am oberen Rand des Wickeltisches ab. Lass dein Kind dort niemals allein, erst recht nicht in dieser Position.

In Kursen

Brauchst du einen Babykurs, damit dein Baby sich motorisch gut entwickelt? Nein, ganz sicher nicht. Auch Babyschwimmen oder -massage musst du nicht besuchen. Dein Kind wird keine Nachteile haben, wenn du diese Angebote nicht nutzt. Mach das abhängig davon, wie viel Lust du auf diese Treffen hast und wie gut dein Baby mit Reizen und auch Terminen klarkommt. Um sich bewegungstechnisch gesund zu entwickeln, braucht ein Baby im Grunde nur Gelegenheiten: Zeiten am Boden, außerhalb von Trage und Autositz, oft mit dir gemeinsam, mal nackt und in den Folgemonaten dann auch immer mal mit entsprechendem, forderndem Material zum Hochziehen und so weiter. Aber Kurse können natürlich auch für dich bereichernd und entwicklungs- sowie bindungsfördernd sein. Das ist ganz individuell.

Spielerisch durch den Alltag

Bevor wir Menschen uns die Welt durch Lesen und Reden erschließen und Erlebtes verarbeiten, geschieht das im Spiel. Dabei können wir den Stress vergessen, Geschehnisse verarbeiten, Fertigkeiten üben, Zeit allein oder auch mit anderen verbringen. Das gilt für dein Baby von Anfang an und wird immer intensiver werden. Die Reihenfolge der gezeigten Spielweisen entspricht dabei den kindlichen Entwicklungsmeilensteinen.

SPIELINTERESSEN

Jeder Mensch spielt dabei anders: Manche Kinder stehen später auf Rollenspiele, andere sitzen lieber allein im Buddelloch und graben sich zur anderen Seite der Erde. Schon Babys zeigen hier Unterschiede. Manche gucken mehr, andere machen mehr. Manche sind gut im Alleinsein, andere brauchen Menschen um sich. Beobachte, mit welchem Setting es deinem Kind gut geht. Wenn es sich mehr als sich selbst wünscht, bist du dabei das beste Spielzeug. Extramaterial braucht es im Grunde nicht, auch wenn die Spielwarenabteilungen voll sind mit Produkten, von denen du denken sollst, sie seien ein Must-have. Doch besonders im ersten Lebensjahr sind die Dinge, die ihr eh zu Hause habt, in der Regel ausreichend. (Vor allem die Küche ist eine wahre Fundgrube!)

Nutze die Zeit am Wickeltisch oder, wenn ihr irgendwo warten müsst, zur Kontaktaufnahme und zum Spielangebot: Beim Waschen und Föhnen (Vorsicht vor plötzlichem Pinkeln, egal bei welchem Geschlecht!) kannst du immer auch streicheln, massieren und singen. Wenn du beim Wippen und Winken erzählst und bestimmte Gesten machst, spielt ihr schon.

Manchmal wirkt dein Baby plötzlich wie weltvergessen, dann störe es nicht. Im Kopf passiert währenddessen ganz viel. Im Grunde ist für dein Kind erst einmal alles Spiel in eurem Alltag. Wenn es eine interessierte, aktive Phase hat, lass es an allem teilhaben.

Damit der Alltag trotz aller Neurungen und Herausforderungen des Lehrgangs „Elternwerden“ einigermaßen rund läuft, gestalte ihn möglichst so:

- Pack die Tage nicht zu voll mit Unternehmungen und plane nichts „auf die Minute“. Spontan nach Laune und Müdigkeit losziehen oder auf dem Sofa bleiben, ist eine gute Taktik.
- Versuche für deine Familie, einen gewissen Rhythmus zu finden. Das tut Kindern jeden Alters gut und kann auch dir einen sicheren Rahmen geben.
- Natürlich kannst du immer wieder mal für Abwechslung sorgen: woanders essen, das Kind unterwegs schlafen legen, neue Orte sehen – das ist alles okay. Aber denke daran, dass alles Unbekannte Reize mit sich bringt, die dein Baby verarbeiten muss. Es lernt, und manchmal ist es ihm auch zu viel. Du kannst beispielsweise ein anspruchsvolles Buch zur Seite legen und eine Freundin anrufen, um darüber zu reden. Dein Baby hingegen wird wahrscheinlich schreien, um die innere Anspannung nach einem aufregenden Nachmittag loszuwerden.
- Wechsle in der Begleitung deines Kindes zwischen Anspannung und Entspannung, also Action und Ruhe. Ihr beide braucht kein 24-Stunden-Animationsprogramm.

„Spielerisch durch den Alltag“ heißt zu Beginn vor allem locker und entspannt. Du musst nichts schaffen, außer (Grund-)Bedürfnisse zu befriedigen. Vor allem die des Babys und danach so gut es geht die eigenen. Dein Baby braucht:

- Essen
- Schlaf
- Hygiene
- Bewegung
- Anregung
- Sicherheit

Je älter es wird, desto mehr Spiel und Spaß darf bewusst in fast alle Momente einfließen.

BETREUUNG

Dein Baby ist gerade erst bei dir angekommen und dennoch ist das Thema Betreuung sicher schon aktuell. Früher kamen die Kinder im Spätsommer nach dem dritten Geburtstag in den Kindergarten. Inzwischen gibt es etliche unterschiedliche Modelle (Tagesmutter, Großtagespflege, Kita, gemeinschaftliche Kinderpflege, großelterliche Fürsorge u. v. m.), die in den meisten Gegenden aber eines eint: Man muss sich zeitig darum kümmern. Das heißt, du musst oft quasi schon kurz nach dem Wochenbett entscheiden, wann dein Kind eine erste Eingewöhnung in Außer-Haus-Betreuung schaffen soll.

Die schlechte Nachricht: Du kannst jetzt noch nicht wissen, ob dein Kind zu dem Zeitpunkt bereit sein wird, weitere Bezugspersonen zuzulassen. Die gute Nachricht: Die meisten Kinder schaffen es zum angestrebten Zeitpunkt, erst recht wenn eine Eingewöhnung sanft und kindorientiert abläuft.

Mach deine Planung, melde dein Kind an, informier dich über gute Eingewöhnung und hab vor allem im Hinterkopf, dass manche Eltern den ursprünglichen Plan wegen des Kindes oder anderer Umstände nochmal umwerfen müssen. Dafür gibt es Hilfe und Lösungen. Die musst du jetzt noch nicht im Blick haben!

Du hast einfach nichts geschafft

Das glaube ich nicht! Aber das Gefühl kennen sicher alle Babyeltern. Den ganzen Tag nicht aus der Bude gekommen und abends sind die Berge an der Spüle und vor der Waschmaschine noch höher als morgens schon. Und doch hast du sicher ganz viel gemacht. Wenn du mit dem Baby kuschelst, ihm hilfst, in den Schlaf zu finden, es fütterst oder massiert, wenn du mit dem Baby spielst, ihm zuschaust, einfach Nähe gibst, es anfeuerst beim ersten Köpfchenheben, wenn du ihm vorsingst, dir an der Waschmaschine Zeit lässt, damit es die schleudernde Wäsche bewundern kann oder du zum zweiundzwanzigsten Mal seine Füßchen kitzelst, hast du ganz sicher **nicht** nichts geschafft. Das alles ist Bindungsarbeit. Das ist der Alltag, das ist dein Job.

Das ist die Grundlage für so viel Weiteres im Leben deines Kindes. Macht dir das immer wieder bewusst. Sag es dir laut, sag es selbstbewusst den anderen. Das ist so enorm viel, die Basis, die Wurzeln. Dein Kind spürt deine Einstellung dazu und wird so grundlegend merken, dass es eine Bereicherung für dich ist, auch wenn du mal weinst und fluchst und Fertigpizza direkt vom Backblech und dennoch kalt isst.

Wir wünschen uns doch Kinder, die gut gebunden sind, mit starken Wurzeln ihre Flügel ausbreiten und mutig in die Welt gehen können. Wir wünschen uns Kinder, die uns sehen, sich uns gegenüber öffnen, gerne Zeit mit uns verbringen. Wir wünschen uns empathische Kinder, die erkennen, was andere brauchen, die Prioritäten setzen können im Leben und bei denen dies nicht Ellenbogen und Leistung sind. Wir hoffen auf glückliche Kinder, die Momente genießen können und nicht immer nur perfekt sein wollen. Also seien wir ihnen gute Vorbilder in Interesse, Einfühlungsvermögen, Lebenslust und Unperfektheit.

Alle Eltern, die in Bindung und Beziehung investieren – stundenlang, tagelang, nächtelang, jahrelang – leisten die wichtigste Arbeit!

VERWÖHNEN

Die häufigste Kritik, die von außen kommt, schreit: *„Achtung: Verwöhnen!"* Kaum ist ein Baby auf der Welt, kommt in der Regel irgendwer, und wirft dir vor, du würdest dein Kind „verwöhnen". Manchmal ist das lustig gemeint, oft aber ernst. Hier musst du wissen, dass das Wort zu Unrecht einen negativen Beigeschmack hat. Denn wie toll ist es doch, verwöhnt zu werden? Also verwöhn dein Baby mit Liebe und Sicherheit. Und lass dich auch ab und zu mit dem verwöhnen, was dir guttut.

Hinter dem kritischen Blick stecken Ängste oder auch alte Denkweisen, wie die, dass Kinder kleine Teufel seien, die dir alles an Energie aussaugen wollen und denen man von Anfang an Grenzen aufzeigen müsse. Es ist anders: Eine sichere Bindung und eine liebevolle Fürsorge beugen ungesunden Entwicklungen und Verhaltensweisen vor.

Du kannst dein Kind ausschließlich ungut verwöhnen, wenn du verhinderst, dass es sich gesund entwickeln kann. Wenn du es beispielsweise dauerhaft trägst, sodass es nie am Boden seine Motorik ausbilden kann.

An dich denken

Nicht nur dein Kind ist unterwegs auf seiner Abenteuerreise, sondern auch du. Mama oder Papa zu werden ist ein Prozess. Der Tag der Geburt deines Kindes ist erst der Anfang eines langen Weges.

Habe Nachsicht mit dir selbst, immer wieder. Familie ist im Fluss, ihr wachst gemeinsam. Ihr seid nie so richtig am Ziel, sondern immer dabei zu probieren, zu scheitern, zu verändern, zu lernen. Das ist kein wirkliches Misslingen. Das ist der Weg!

Denke außerdem daran, dass nicht nur dein Baby wichtig ist. Ja, du hast eine große Verantwortung übernommen. Aber sie ist händelbar, gegebenenfalls mit Unterstützung. Ja, die Grundbedürfnisse deines Babys müssen möglichst gut erfüllt sein, damit es gesund aufwächst. Aber es braucht keine Perfektion und dich nicht als Trabanten, der ständig um es kreist.

Auch du selbst, deine Partnerschaft, deine Freundschaften sind relevant und brauchen Anschub. Denn du kannst dem Baby keine gute Basis sein, wenn dein eigenes Fundament nicht stabil ist. Selbstaufgabe hilft niemandem. 100 % Babyelternteil sein und on top noch Selbstfürsorge, Energie für die Partnerschaft und Freundschaften draufpacken? Da kann man ja nur kaputt gehen?!

Die Lösung ist eigentlich simpel: Deine gesamte Kraft sollte sich auf alle Bereiche erstrecken, verteilt nach deinem persönlichen Gefühl. Manchen Müttern und Vätern geht es gut, wenn sie sich im ersten Lebensjahr mit fast allem, was sie haben, aufs Baby einlassen. Andere fühlen sich wohler, wenn sie von den 100 % ein großes Stück auf Selbstfürsorge verwenden und viele helfende Hände einspannen. Alles ist okay, solange das Kind gut genug versorgt wird. Das heißt, es sollte etwa zu 70 % gute Erfahrungen machen, wenn es seine Bedürfnisse äußert. Diese dürfen auch von liebevollen Personen erfüllt werden, die im Laufe des ersten Lebensjahres zusätzliche, akzeptierte und geliebte Bezugspersonen werden können.

SCHNELLE HILFE DURCH ALTERNATIVE MEDIZIN?

In stressigen Alltagssituationen und Momenten, in denen Eltern alles zu viel wird, liegt es nahe, rasche Abhilfe zu suchen. Es gibt unzählige Heilsversprechen vor allem aus dem Bereich der sogenannten alternativen Medizin, die dann Lösung und Hilfe versprechen. Sogar schnelle, sanfte, natürliche, individuelle oder ganzheitliche Hilfe. Wer wollte da „Nein" sagen? Aber so verständlich der Wunsch ist, so sehr lassen solche Angebote oft die Evidenz, den wissenschaftlichen Nachweis einer Wirksamkeit, vermissen.

Zum Beispiel die Osteopathie: Die sanfte Behandlung mit den Händen soll angebliche Blockaden oder auch vorgebliche Geburtstraumata lösen und bei der Entwicklung helfen. Die Beleglage ist jedoch nicht stark genug, um solche Versprechungen wissenschaftlich solide zu stützen. Dr. Natalie Grams-Nobmann, Ärztin und Autorin, sagt dazu: *„Wirklich gute, qualitativ hochwertige Studien, die eine Wirksamkeit der Osteopathie bei Säuglingen und Kindern belegen könnten, sind eher rar bis nicht vorhanden. Wohlmöglich ist es einfach die Berührung, die Zuwendung und die Entspannung der Eltern, weil sie sicher sind, etwas Gutes getan zu haben, die hier eine Verbesserung bringen können. Das ist völlig okay, aber wenn keine wissenschaftlich überzeugenden Daten vorliegen, sollte die Osteopathie auch nichts anderes behaupten."*

Oder die Homöopathie: Die kleinen weißen Kügelchen werden gegen vielfältige Beschwerden oder auch als „Konstitutionsmittel" für die gesunde Entwicklung empfohlen. Die wissenschaftliche Beleglage legt allerdings nahe, dass mehr als Placeboeffekte nicht zu erwarten sind – auch bei Babys und Kleinkindern. Im schlimmsten Fall bringt man Kindern durch die regelmäßige Gabe von Globuli bei, dass bei jeder kleinen Beschwerde etwas eingenommen werden muss. Das Vertrauen in das Immunsystem und die Selbstheilungsfähigkeit des eigenen Körpers kann somit schon früh untergraben werden.

Der Babyalltag ist auch dein Alltag

Denke auch im Alltag immer an dich:

Das Baby und seine Mutter brauchen ihr Wochenbett – das sollten in der Regel die ersten sechs Wochen nach der Geburt sein. Viel Liegen, viel Schlafen, viel Genesen, wenn es Geburtswunden gab. Viel Unterstützung durch das andere Elternteil und alle weiteren Menschen, mit denen sie sich wohlfühlen.

Die Hebamme unterstützt auf jeden Fall dabei, egal ob du Mama oder Papa bist. Trau dich, wirklich alle Fragen, die du hast, einfach zu stellen. Und wenn dich das Gefühl von Überforderung überrollt, suche dir schnell Unterstützung. Wenn du dich überlastet fühlst, heißt das nicht, dass du ein schlechter Elternteil bist, sondern nur, dass du mehr Hilfe für deinen Weg benötigst. Such sie dir. Die „Frühen Hilfen“ sind beispielsweise in vielen Städten eine richtig gute Anlaufstelle.

Du kannst Erinnerungen festhalten

Um für dich und dein Kind in dieser Abreisezeit einen guten Start ins Abenteuer hinzubekommen, kannst du auch einen Brief an dein Kind schreiben:

- Formuliere, was dich gerade besonders herausfordert.
- Schreibe auf, was dich positiv umhaut.
- Notiere deinem Baby, was du dir für seinen Lebensweg erhoffst.
- Formuliere Versprechen an dein Kind, aber schreibe auch dazu, was du sicher immer wieder mal versemmeln wirst.

Den Brief kannst du regelmäßig ergänzen auf eurer Reise durch das erste Lebensjahr. Oder aber am ersten Geburtstag schauen, was noch stimmig ist, was du nochmal umschreiben möchtest, in was du noch mehr Kraft investieren möchtest. So kann der Text für dich eine Sortier- und auch Fühlhilfe sein, denn Wünsche, Pläne und Emotionen werden immer wieder heftig sein und durcheinandergeraten. Für dein Kind kann der Brief irgendwann eine wunderschöne Erinnerung sein.

Halte immer mal inne und frage dich:

- Wie geht es mir?
- Welche Wünsche habe ich für mein Baby?
- Fühlen sich die Antworten gut an oder sollte ich jetzt etwas verändern?

AUSSICHT GENIESSEN – DAS ZWEITE VIERTELJAHR

Nach den ersten zwei bis drei Monaten habt ihr euch als Reiseteam eingespielt. Ihr seid gemeinsam unterwegs, es ist nicht mehr alles neu. Aber ruhig dahinschippern ist nicht angesagt, denn in den nächsten Wochen wird immer wichtiger, was sich in dem Land abspielt, das ihr bereist: Bilder, Töne, Gegenstände, andere Gesichter – alles ist faszinierend. Dein Baby entdeckt und du bist die Reiseleitung.

Wenn die Neugeborenenzeit vorbei ist, startet das „Wonnealter“. Ein wunderschönes Wort. Dein Baby ist oft gut drauf, aktiver und wacher. Erwachsene, die nicht die großen Kuschler*innen sind, sagen vielleicht, dass sie „jetzt auch endlich etwas mit dem Kind anfangen können“. Reifung und wachsende Neugier machen das Baby sozialer und aktiver. Es ist nicht mehr so stark damit beschäftigt, mit dem Wechsel aus der Fruchtwasserumgebung hinein in diese Welt zurechtzukommen, sondern hat richtig Lust auf seine Umgebung, die es mit Ohren, Augen, Händen und Mund stetig besser erkunden kann.

Aber es gibt nicht nur Wonne und Sonnenschein: Unter Umständen können sich auch erste Ängste bei Trennungen von der primären Bezugsperson oder beim Kontakt mit Fremden und Fremdem zeigen. Allerdings äußert das Kind diese Sorgen noch subtil. Durch starke Gefühlsäußerungen, nicht deutlich, in dem es die Arme ausstreckt oder klammert. Das kommt erst später.

Es erwartet dich also vermutlich leichter Seegang bei bestem Sonnenschein!

langsame Reifung

Denken und Wahrnehmen

Dein Baby kann seine Umwelt immer besser wahrnehmen, allerdings noch ohne sie wirklich zu begreifen. *„Wieso zeigt mir die Person diesen Ball? Aber hübsch sehen sie aus, beide. Und was ist das für ein klebriges Gefühl an dem Ding in meinem Mund? Warum sagt die Stimme immer „Greifring“ dazu?“*

Nein, so differenziert kann dein Kind natürlich noch lange nicht denken, aber die Sätze veranschaulichen dir, dass da noch ein großes Wirrwarr vorherrscht. Denken und Fühlen sind sehr eng verknüpft.

Welchen Zweck irgendwelche Handlungen oder Gegenstände haben, ist deinem Baby noch lange nicht klar. Es nimmt einfach nur auf: Reiz um Reiz um Reiz. Und lernt mit jedem Mal. Es spürt: *„Das ist gut, das ist spannend, das ist neu, und das da ist ganz fürchterlich*!“

Was kann dein Baby schon?

Gedächtnis

Das Gehirn deines Babys begreift jetzt wiederkehrende kleine Abfolgen noch besser und merkt sie sich auch länger. Zum Beispiel, dass nach dem Ablegen auf dem Wickeltisch die Wärmelampe angeht und das Mobile losdreht. Oder dass der krabbelnde Papa auf der anderen Seite vom Sofa wieder erscheint, wenn er auf der einen Seite dahinter verschwunden ist. Das Kurz- und Langzeitgedächtnis lösen im Baby bestimmte Erwartungen aus, wenn es eine Situation wiedererkennt. Manche davon verschwinden rasch wieder, wenn das Erlebnis sich nicht wiederholt, aber einige bleiben schon ein bis zwei Wochen präsent.

Abweichungen von Bekanntem hingegen sind noch total überraschend: Lässt du einen Ball fallen, erwartet dein Baby, dass er wie die Rassel und der Teddy am Boden liegen bleibt. Prallt er aber ab und springt wieder empor, kann das für einen lauten Lacher sorgen. Hüpfende Kinder haben oft einen ähnlichen Effekt. Probiere es mal aus.

Diese Erwartungshaltungen und vieles mehr erklären sich dadurch, dass die Wahrnehmung, aber auch die Möglichkeiten des Gehirns immer besser werden. Deutlich zu merken ist dabei, dass sich die Sinne deines Babys andauernd intensiver miteinander vernetzen. Hören und Sehen gehen jetzt zum Beispiel recht eindeutig und rasch Hand in Hand.

Verschwindet etwas aber aus dem Blick- und Tastfeld, ist es für dein Kind jetzt meistens noch unwiederbringlich verschwunden. Bei einem Ball, der in den Flur kullert, ist das häufig relativ egal. Dann wendet es sich einem anderen Gegenstand zu. Verschwindest du oder eine andere Bezugsperson, ist es hingegen irritiert und vielleicht sogar verunsichert. Gehst du also aus dem Raum und dein Baby meckert, denkt es, du wärst gänzlich weg. Durch das Schimpfen äußert es, dass es dich vermisst und unsicher ist. Richtiges „Fremdeln" ist das noch nicht. Das wird oft verwechselt.

Gegen Ende des ersten Lebenshalbjahres siehst du hier wahrscheinlich einen großen Fortschritt, der wieder mit Erlerntem und Erwartungen zu tun hat: Kuckuck-Spielen funktioniert. Dein Baby hat sicher verstanden, dass du hinter dem Tuch, dem Sofa, deinen Händen oder einem anderen guten Versteck verschwunden bist und wieder hervorkommst.

BEHUTSAMES VERSTECKEN

Wenn du dich für dein Baby verstecken möchtest oder ihm kurz etwas über das Gesicht legen magst, um zu spielen, nutze zunächst lieber transparente Stoffe. So kann dein Kind langsam lernen, was da vor sich geht, und bekommt keine (wenn auch nur sekundenlange) Angst. Sollten größere Kinder mit deinem Baby ein Kuckuck-Spiel machen wollen, achte darauf, dass der Babykopf und die Atemwege nicht zu lange abgedeckt werden. Das ist auch eine schöne Aktivität für Geschwisterkinder.

Fühlen

Das Erspüren der Welt mit allen Sinnen bleibt weiterhin tagtägliche Aufgabe für dein Baby. Mund und Hand sind hierbei die wichtigsten Helferlein. Beide erkunden alles, was ihnen angeboten wird. Zunge und Lippen lutschen, saugen und nehmen Oberflächen und Temperaturen wahr, wofür wir Großen Hände und Augen nutzen würden. Die Mundregion deines Babys ist aber so sensibel, dass es damit immens viele Eindrücke seiner Umwelt einsammeln kann. Die Hände sind nun häufiger geöffnet, können dank zielsicherer Armbewegungen beispielsweise immer besser an ein von oben angebotenes Spielzeug fassen oder auch über dem Babybauch zueinanderfinden.

Die Haut am ganzen Körper bleibt ebenfalls ein wichtiges Sinnesorgan. Besonders wenn dein Baby nackt sein kann, spürt es sich, die Lage seiner Körperteile und andere Menschen intensiv, und du kannst ihm mit Berührungen, Massagegriffen und Streicheleinheiten Nähe und Sicherheit schenken.

Dein Baby profitiert jetzt davon, wenn du ihm Gegenstände mit ganz unterschiedlichen Oberflächen anbietest. Achte nicht auf Spielzeuge in verschiedenen Farben und Formen, sondern eher darauf, ob sie glatt, rau, weich, hart, kühl, warm und so weiter sind. Das ist spannend für Mund und Hände.

Hören und Sprechen

Dein Baby lernt bis zum Ende des ersten Lebenshalbjahres stets richtig festzustellen, woher ein Geräusch kommt. Es wird sich eindeutiger mit dem Körper oder mit dem Kopf und den Augen der Tonquelle zuwenden. Wenn es sehr erschöpft ist, wird es das auch mal lassen. Mach dir keine Sorgen! Ist es richtig gut drauf, antwortet es Tönen dafür auch immer öfter, besonders wenn es sich um menschliche Sprache handelt. Wenn du genau darauf achtest, kannst du vielleicht sogar feststellen, dass es sich auf gesprochene Sätze besonders intensiv konzentriert und verschiedene Stimmen immer besser unterscheiden kann.

Sprache begegnet deinem Baby im Alltag ständig, besonders viel Spaß macht sie weiterhin gereimt und gesungen sowie verbunden mit Gesten. Töne, Hören, Sehen und Bewegung kommen hier zusammen, und immer wenn du mehrere Sinne ansprichst, ist das super. Also zeig deinem Baby Fingerspiele und singe oder dichte etwas, wenn du es wäscht oder wickelst.

ERSTE SUCHSPIELE

Die ersten Sätze, die viele Babys bis zum Ende des ersten Lebensjahres verstehen, sind Fragen, die mit *„Wo ist ...?"* beginnen. Dabei wirst du in der Regel immer ähnlich vorgehen: Schau dich um, suche, finde, zeige und benenne. Das kann dein Baby wieder als typische Abfolge begreifen und hat dann rasch klare Erwartungen, was auf die Wo-Frage folgt, ohne sie wirklich inhaltlich verstehen zu können. Probiere es anfangs am besten mit wenigen immer gleichen Dingen oder Personen aus.

Die Sprache deines Babys ist noch sehr bunt: Mit Spucke und Lippen lässt es noch immer Bläschen sprudeln, aus dem tiefen Schreien werden Brabbellaute, fröhliches Jauchzen kann uns faszinieren und manchmal krächzt und räuspert sich das Baby tief im Hals. Es probiert sich aus, reagiert auf klangliche Reize und bekommt so nach und nach immer mehr Kontrolle über seine Äußerungen. Sogar das Babyschreien wird immer komplexer und differenzierter.

Manchmal fehlen dir aber wahrscheinlich die Nerven, das Schreien genau zu entschlüsseln. Und weißt du was: Das ist normal.

Bis zum Ende des ersten Lebenshalbjahres entwickelt dein Baby seine eigene Sprache, baut immer längere Lautketten, lallt identische Silben hintereinander weg und verdoppelt vielleicht schon eindeutig Silben, sodass man manchmal meinen kann, da sei schon ein „Mama“ oder „Papa“ zu hören gewesen – aber leider noch immer ziemlich sinnfrei.

Hast du das Gefühl, dein Kind wird eher stummer als gesprächiger, muss dich das auch nicht gleich erschrecken. Das kommt bei einigen Kindern vor und ist oft nur eine Pause, in der vielleicht das Lauschen oder auch das Gucken oder die Motorik relevanter sind. Macht es dich sehr unsicher, kontaktiere die kinderärztliche Praxis.

Sehen

Neu ist, dass dein Baby endlich auch Blautöne gut erkennen kann. Damit wird die Welt gleich viel spannender, aber auch aufregender. Dein Baby sollte jetzt nicht mehr Schielen. (Lass das ärztlich abklären, wenn doch.) und immer aktiver an der Welt teilnehmen. Dabei wird dir auffallen, dass nicht nur die Sinne immer besser verknüpft sind, sondern auch die Hände immer mehr können, wenn du mit deinem Baby Zeit verbringst:

- Sein Blick verfolgt Gegenstände oder Menschen in ihrer Bewegung, beispielsweise wenn es sie zuerst nur gehört hat.
- Immer wieder richten sich auch der ganze Körper oder nur Kopf, Hände oder Füße mit in die Richtung aus, in der etwas Spannendes vor sich geht.
- Manchmal kannst du sogar beobachten, dass der Blick deines Babys deinem folgt, wenn du zum Beispiel etwas sehr begeistert oder angeekelt anschaust, obwohl es selbst noch gar nicht entdeckt hatte, um was es geht. Aber dein Gefühl macht es neugierig.
- Und dein Baby kann zuverlässiger und zielgerichteter nach dem greifen, was es sieht und interessant findet. Die Hand-Augen-Koordination ist gereift.

Menschliche Gesichter üben die stärkste Faszination auf Babys aus, denn sie brauchen andere, ihnen wohl gesonnene Menschen zum Überleben. Darum sind spiegelnde Oberflächen jetzt ein grandioses Spielzeug. Du kannst mit deinem Baby im Stehen euer Spiegelbild betrachten oder ihm liegend einen Hand- oder Ganzkörperspiegel anbieten, den es in Bauchlage bewundert, während es sein Köpfchen hochhält.

GEMEINSAM IN DIE BAUCHLAGE

Wie lange ein Baby das schafft, ist sehr unterschiedlich. Hat deines grundsätzlich Freude am eigenen Anblick im Spiegel, aber will die Halsmuskulatur noch nicht so recht mitspielen, kannst du ihm helfen: Platziere es in Bauchlage auf deinem Unterarm, während du neben ihm liegst und ihm gut zureden kannst. Dein Arm befindet sich auf seiner Schulterhöhe, die Arme deines Babys liegen über deinem Arm. So hilfst du ihm, die Lage zu stabilisieren, und schenkst eine Extraportion Nähe. Tolle Spielzeuge kannst du außerdem erschaffen, wenn du Pappen, Becher, Bretter oder Ähnliches mit Spiegelfolie verzierst, sodass dein Baby davor oder darauf liegen kann.

Dein Baby kann bekannte Bezugspersonen jetzt immer besser erkennen und von anderen Menschen unterscheiden. Das gelingt ihm, weil Folgendes immer besser zusammenspielt:

- die wachsende Sehfähigkeit
- die gemeinsame Nutzung beider Augen (statt schielend getrennt)
- das steigende Denkvermögen

Außerdem hilft ihm das Sehen zusammen mit den Spiegelneuronen dabei, die Gefühlsreaktionen dieser Bezugspersonen immer besser einzuschätzen. Das heißt, deine Freude kann es anstecken, deine in Mimik und Gestik erkennbaren Ängste aber auch.

Schmecken und riechen

Geschmacksknospen hat dein Baby ja längst, aber sie sind noch immer nicht vollständig ausgebildet. Es lernt die Vielfalt der Aromen ganz langsam genauer kennen. Süße bevorzugte es schon im Bauch, aber jetzt mag es auch Salziges.

Dabei benötigt es noch keine Abwechslung, auch wenn einige Menschen um dich herum oder auch du selbst vielleicht ungeduldig werden und es gerne von bestimmten Köstlichkeiten probieren ließen. Doch Milch ist weiterhin super.

BEIKOSTREIFE

Auf den Breigläschen im Supermarktregal und oft auch in kinderärztlichen Praxen wird Zufüttern ab dem vollendeten vierten Monat (oder fünften Monat) empfohlen. Das liegt daran, dass viele Mütter nicht mehr so lange stillen und es für die Verdauung eines Babys aber hilfreich ist, wenn es die Beikost parallel zur Muttermilchgabe kennenlernen darf. Notwendig ist ein so früher Start ansonsten nicht und oft ist er auch eher mit Frust verbunden, weil das Baby motorisch noch gar nicht bereit dafür ist.Allein Allergieprävention ist noch ein Pro-Argument.

Achte auf die Beikostreifezeichen:

- Kann dein Kind angelehnt sitzen?
- Kann es sich selbst gezielt etwas in den Mund stecken oder nur aus Versehen?
- Hat es echtes Interesse an Lebensmitteln oder nur am Erkunden verschiedener Dinge?
- Ist der Zungenstreckreflex verschwunden oder drückt es einen Löffel noch aus dem Mund heraus?

Hast du mit der Beikost begonnen, aber ein sehr uninteressiertes Baby, dann gib ihm noch Zeit und versuche es nochmal nach zwei, drei Wochen Pause. Irgendwann wird dein Kind so weit sein.

Oft heißt es, ein Baby, das auf einmal häufiger Milch einfordert, würde nicht mehr satt und bräuchte umgehend Beikost. Diese Veränderung kommt aber meist durch einen Wachstumsschub und es holt sich einfach mehr Kalorien. Du musst nichts verändern. Beikostmengen in der Kennenlernphase sind in der Regel so gering, dass es mit ihnen stressiger ist als mit Mutter- oder Pre-Milch, dem Kind die Kalorienmenge zu geben, die es jetzt braucht.

Beim Riechen ist dein Baby nach wie vor ein Sensibelchen: Parfümierte Menschen oder auch Wäschestücke können Irritationen auslösen und sind manchmal der eine Reiz, der das Fass zum Überlaufen und dein Baby zum Schreien bringt. Achte einfach weiterhin darauf, zu starke Gerüche zu vermeiden, wenn dein Kind hier sehr sensibel reagiert. Eventuell gewöhnt es sich aber auch langsam gut daran, zum Beispiel an starke Kocharomen, denn bei vielen Babys sinkt die Irritierbarkeit jetzt ein wenig.

Kontrolle und Konzentration

Dass dein Baby nun zunehmend die Eindrücke miteinander verbindet, die es über seine verschiedenen Sinne wahrnimmt, ist eine tolle Leistung. Damit gewinnt es nach und nach Kontrolle über sich und kann sich mit dir und anderen verständigen. Kannst du schon deutliche Unterschiede feststellen? Warte ab, es wird immer besser.

Diese Reifung der Sinne führt nicht nur dazu, dass dein Baby jetzt besser handeln und spielen kann, sondern auch, dass es von nun an super aufnahmefähig ist. Es ist ein „kompetenter Säugling“ geworden, der sich auch schon phasenweise auf einen Reiz konzentrieren kann, um den Sinneseindruck richtig in sich aufzunehmen. Bei größeren Kindern spricht man gern vom „Flow“, in dem sie manchmal stecken, wenn sie ganz in ihrer Spielwelt aufgehen und nicht anderes mitbekommen. Die Anfänge davon kannst du jetzt schon wahrnehmen. Unterbrich dein Baby in solchen Momenten, wenn möglich, nicht.

Nachahmung

Dass du bei einem so kleinen Kind schon Vorbild bist, hast du wahrscheinlich auch nicht gedacht?! Aber Nachahmung ist nicht erst wichtig, wenn es später um Teilen, richtiges Streiten oder ums Bedanken geht, sondern schon jetzt: Wie ist dein Tonfall, wie deine Mimik, deine Zugewandtheit? Dein Baby kann das jetzt noch nicht bewusst imitieren, aber ein liebevoller Umgang prägt. Oh, und natürlich sind weder ab und an ein lautes Schimpfen noch ein trauriges Weinen von dir schädlich. Alle Gefühle sollten bei euch stattfinden. Trotzdem kann es bei euch in der Familie grundlegend liebevoll zugehen.

Umgebung

Nach und nach wird immer relevanter, was um dein Baby herum passiert, besonders die folgenden zwei Dinge sind interessant: die Gegenstände in seinem Blickfeld und die Räumlichkeit um dein Kind herum – drei Dimensionen! Sein Interesse daran besteht ganz von selbst. Diesen Bereich kannst du simpel fördern, indem du ihm immer wieder andere Dinge zugänglich machst, die ungefährlich sind. Eigentlich ist alles Spielzeug. Spielen ist Lernen und Entdecken. Räumliche Tiefe kann dein Kind gut erfahren, wenn du es über deinen Kopf hebst, Fliege- und Tanzspiele machst oder beispielsweise ein Bälle- oder Kissenbecken nutzt, in dem es durch die Gegenstände die Grenzen seines Körpers erfahren kann. „Propriozeption“ heißt dieses oft auch als sechster Sinn bezeichnete Wahrnehmungsgebiet: Der kleine Mensch lernt nach und nach wo er sich im Raum befindet, wo andere Menschen und Dinge in Beziehung zu ihm sind und wie er sich deshalb bewegen sollte.

LICHT- UND SCHATTENSPIELE

Manche Babys lieben es – fast wie eine Katze – wenn sie in einem seitlich liegenden Karton oder in einem Spielzelt sein können, um in einer Mischung aus Helligkeit und Dunkelheit eine spannende, tiefe Umgebung zu erkunden. Meist brauchen sie aber die Nähe einer Bezugsperson bei so einer aufregenden Entdeckungstour – und manche Babys gruselt so ein Ort auch noch oder die Reize sind zu intensiv. Starte daher behutsam, wenn ein Bällebad oder ein Höhlenaufbau zum Beispiel in einem Kurs angeboten werden.

Was kannst du noch tun?

Versuche nicht zu viel nachzudenken über dein Tun. Wenn du mit deinem Baby einen ganz normalen Alltag lebst, immer wieder den Blickkontakt zu ihm suchst und viel redest, singst und lachst, ermöglichst du ihm eine gute Atmosphäre, in der es seine Wahrnehmung trainieren und seine Denkfähigkeiten wunderbar erweitern kann. Wenn du spürst, dass es eine interessierte, aktive Phase hat – und die werden jetzt immer länger – nutz sie zum Austausch und Spielen. Leg dich mit auf den Boden, versuche mal die Bewegungen nachzumachen, die dein Baby jetzt schon kann, und sei einfach nah, denn in dieser Sicherheit fällt Lernen am leichtesten.

Außerdem kannst du dein Baby in verschiedene Positionen bringen, damit es sich im Raum gut wahrnehmen kann:

- Halte es unter seinen Achseln aufrecht und lasse seine Füße den Boden spüren, sodass es sich hopsend abstoßen kann.
- Lasse es wie ein Flugzeug in Bauchlage auf deinem Arm liegend durch die Wohnung sausen.
- Lasse es an dich gedrückt über deine Schulter schauen und so vielleicht auch mit anderen Erwachsenen kommunizieren. Dann ist es bei dir sicher, aber trotzdem in einer anderen Position, um zu entdecken und zu interagieren.
- Lege dich auf den Rücken, zieh die Beine an und lege dein Baby in Bauchlage auf deine Unterschenkel, sodass es dich sehen kann. Halte es wieder unter seinen Achseln, während du deine Beine vorsichtig bewegst und es in dieser Stellung fliegen lässt. (War das Baby bei dir im Bauch, ist das gleichzeitig als Beckenbodentraining für dich prima.) Direkt nach dem Essen ist das allerdings nicht so ratsam, wenn du vermeiden möchtest, dass die Milch wieder rauskommt!

Aber du musst nicht nur anregen und helfen – du solltest auch für Pausen sorgen. Was erlebt wurde, muss dein Baby verarbeiten können. Und dir tun geschlossene Augen und Nichtstun ganz bestimmt ebenfalls gut. Zusammen dazuliegen ist auch Begleitung.

SCHÖNE UND SIMPLE SPIELMATERIALIEN FÜR ZU HAUSE

- Fülle einen leicht aufgepusteten Luftballon mit wenigen trockenen Erbsen, Linsen oder Reiskörnern. Nicht zu voll, sonst wird es am Babyohr sehr laut. (Lass dein Kind nie mit einem Ballon allein, denn Stücke von einem geplatzten Exemplar können in den Mund und Hals gelangen.)
- Nutze alles, auf dem ein Gesicht ist. Ein wasserfester Stift ist eine gute Investition, um Ballons, Wasserbälle und mehr zu verschönern.
- Besorge Federn, Massagehandschuhe oder Tücher zum Streicheln und Kitzeln. Später können diese Dinge auch in eine Verkleidungskiste wandern.
- Nutze Igelbälle zum Massieren, Fühlen und Lauschen. Sobald dein Kind seine Hände gezielt nutzen kann, sind diese Bälle die einfachsten, um sie gut festhalten zu können.
- Besorge Rasseln, eventuell auch als Armbänder für Handgelenk oder Beinchen. Sie helfen deinem Baby super dabei, langsam zu verstehen, dass es selbst etwas bewirken kann.
- Nutze Handschuhe (z. B. aus dem Gartenbedarf), an deren Fingerspitzen du selbst Bänder oder Glöckchen annähst. Wasch die Bänder vorab einmal aus, damit sie beim Anlutschen durch dein Baby keine Farbe abgeben, und nähe kleine Klingeln extra fest an.

sich zeigen

Gefühle und Miteinander

Du merkst bestimmt, dass dein Baby immer wacher wirkt. Auch seine Gefühlsäußerungen wirken inzwischen wahrscheinlich oft klarer für dich und ihr könnt immer stärker in ein echtes Miteinander gehen. Seine Körpersprache ist ihm ein wichtiges Kommunikationsmittel, das dir immer vertrauter sein dürfte. Aber Achtung: Auch die fordernden Gefühle können hierbei langsam an Kraft gewinnen.

Hör mal genau hin und beobachte dein Baby: Es kann schon jetzt unterschiedlich lachen. Kurz, länger, genussvoll oder eher ungesteuert und fast so, dass es kein Ende findet. **Es zeigt dir offen, wie es sich fühlt.** Diesen letzten Satz nimmst du dir am besten mit in die Momente, in denen dein Kind andere Gefühle zeigt. Denn Angst oder Wut gelten gemeinhin zu Unrecht als „schlechte Gefühle". Wenn du diese Sichtweise verinnerlicht hast, werden solche Emotionen dich eher anstrengen, obwohl dein Kind dabei dringend deine Begleitung benötigt und obwohl es wichtig ist, dass kein Gefühl verborgen wird. Das Mantra *„Es zeigt mir offen, wie es sich fühlt"* kann dich bei Ärger, Furcht, Angst, Erschöpfung und vielem mehr erden.

Was kann dein Baby schon?

Freude

Endlich, endlich kann dein Baby nicht nur lächeln, sondern richtig laut lachen. Das zeigt, dass es ihm gut geht oder dass irgendetwas es total überrascht hat, und vor allem, dass dein Baby lustvoll an deinem Leben teilnimmt. Die Freude erleichtert dir ganz bestimmt an vielen Ecken den fordernden Alltag, denn sie erinnert dich direkt daran, welche Verbindung zwischen euch besteht: Da ist ein Band aus viel Liebe und Sympathie; da ist ein Menschlein, das noch viel Unterstützung braucht, aber auch weiß, dass es die bei dir bekommt.

Wie in allen Beziehungen kann ein herzliches Lachen auch hier Unwohlsein und Unsicherheiten beruhigen sowie Stress herunterfahren – beim Kind und bei dir. Lach mit. Nimm dir die Zeit für diese Momente. Das ist viel wichtiger und nachhaltiger als ein Küchenboden, der nicht klebt.

Ängste

Auf Grund seines Denkvermögens kann ein Baby noch keine Ängste haben wie größere Kinder oder Erwachsene. *„Wenn das passiert, dann könnte jenes daraus folgen. Hilfe!“* – solche Sorgen kann es sich zum Glück noch nicht machen. Nur ganz konkrete Geschehnisse können Angst hervorrufen und entsprechende Reaktionen im Baby auslösen, zum Beispiel:

- ein unerwartetes Geräusch
- eine plötzliche Bewegung
- ein grelles Licht
- ein heftiger Schmerz
- ein unbekanntes Gesicht
- eine seltsam kratzige Stimme
- das Gefühl, irgendwo herunterzuplumpsen, obwohl man getragen wird,
- Auch deutliche Angst einer Bezugsperson kann ansteckend wirken.

Kurz: Ungewohntes kann beängstigend sein, denn dein Baby fühlt sich sofort unwohl und braucht Sicherheit. Ihm ist unbewusst klar, dass es vom Angstauslöser weg muss, aber das nicht allein schafft. Das zeigt es dir durch Schreien, Klammern, Zucken, Schwitzen oder auch Abwenden. Nimm das ernst, jetzt und später. Angst ist real. Im Körper können Hormone und das Nervensystem den Herzschlag oder die Atmung und vieles andere beeinflussen. Das kennt dein Baby noch nicht und reagiert gestresst. Es braucht eine unterstützende Bezugsperson, die dafür sorgt, dass der Angstauslöser verschwindet und der Babykörper zurück in einen entspannten Modus kommen kann. Du kannst tragen, kuscheln, summen, singen, erzählen, trösten, streicheln. Das heißt:

- Du musst Nähe geben, um mit deinem Baby die Situation zu bewältigen.
- Du musst nicht dafür sorgen, dass es niemals in eine beängstigende Situation kommt. Denn in Watte gepackt lernt man nichts.

Aber du musst auf gar keinen Fall extra beängstigende Situationen schaffen – die kommen von ganz allein.

Hast du den Eindruck, dein Baby hat bereits am Ende des ersten Lebenshalbjahres manchmal Angst, weil eine enge Bezugsperson den Raum verlässt? Oft geht das erst etwas später los, aber manchmal kann das tatsächlich schon jetzt der Fall sein und sogar auch nächtliches Aufwachen herausfordernder machen. Genaueres erfährst du im Abschnitt zum Fremdeln in Kapitel „Expedition wagen – Das dritte Vierteljahr: Gefühle und Miteinander“ (S. 127). Ist dein Kind früher dran, heißt das nicht, dass etwas an ihm oder deiner Begleitung falsch ist, auch wenn dir das möglicherweise jemand vorwirft. Merk dir einfach das Grundlegendste dazu: **Dein Baby benötigt jetzt Sicherheit, Sicherheit, Sicherheit!**

Wut

Wut? Jetzt schon? Geht das nicht erst im Kindergartenalter los? Nein, leider nicht. Dein Baby kann schon jetzt in eine Situation geraten, in der es sich nicht wohlfühlt, etwas verändern möchte, aber das nicht schafft. Und das erzeugt Unmut. Liegt es auf dem Bauch und kommt nicht zurück auf den Rücken? Drückt ihm ein Hosenknopf unangenehm in den Magen? Sind die Hände klebrig? Schmerzen in den Kiefer einschießende Zähne? Das überfordert, ärgert, macht zurecht wütend und hilflos. Zum Glück bist du da!

Beruhigen

Die bisher geschilderten Gefühle, und weitere, bringen dein Baby in eine körperliche Erregung. Sowohl beim Lachen als auch bei Angst und Wut benötigt es Hilfe, um wieder entspannen zu können, sogenannte Co-Regulation. Denn es wird noch lange dauern, bis es in der Lage ist, seine Anspannung selbst aufzulösen.

Deine Ruhe wird seine Ruhe! Das ist der erste Schritt dahin, dass dein Kind guten Stressabbau lernt.

Wie viel und welche Unterstützung es sein muss, ist individuell verschieden und du kannst dein Baby auch an bestimmte Strategien gewöhnen. Manchmal können Babys eine Beruhigungsart so gut annehmen, dass sie schon beim ersten Ansatz entspannen, zum Beispiel wenn sie die Spieluhr nur sehen, die gleich spielen wird.

Reize kann man nicht aussperren und das wäre auch gar nicht sinnvoll. Vorbeugend solltest du nur darauf achten, dass es möglichst nicht so oft zu viele auf einmal werden, die auf dein Baby einprasseln. Laut, fremd, grell, dazu Hunger und Übermüdung – puh, das kann mal passieren, aber es sollte die Ausnahme bleiben.

REIZE WERDEN SCHNELL ZU VIEL

„Wir machen einfach alles so weiter wie vorher, nur dass wir jetzt das Baby mitnehmen!" Das haben sich schon viele Eltern gedacht, aber die meisten fallen damit auf die Nase. Denn wir sehen die vielen Reize gar nicht, die unser Baby in der Masse sehr stressen können. Da muss man ein bisschen herumprobieren.

Beispielsweise stört es manche Babys schon, wenn zusätzlich zum Brummen der Spülmaschine und zum Reden der anwesenden Menschen noch Musik aus dem Radio kommt. Ist dein Kind sehr unentspannt, überlege, was dein Baby in seiner Umgebung alles sehen, hören, fühlen oder riechen kann: Welche Reize sind in eurem Alltag, die du kaum noch wahrnimmst, aber dein Baby dafür umso mehr? Und welche davon kannst du ausschalten?

Kontakte

Die Frage, ob ein Baby Umgang mit Gleichaltrigen und anderen Menschen braucht, treibt Eltern und ihr Umfeld immer wieder um, nicht zuletzt im Zuge der Corona-Pandemie. Hier gibt es einen Unterschied zwischen „notwendig" und „förderlich". Kein Baby leidet, wenn es keine Krabbelgruppe besucht, aber mit seinen engsten Bezugspersonen abwechslungsreiche Tage in sicherer Geborgenheit erleben darf.

Ja, diese Kontakte können euch guttun. Passen Kurse oder Einzeltreffen zu euch: Dann los! Die Babys mögen sich schon anschauen und auch berühren. Interaktion mit anderen Personen in jedem Alter ist anregend, denn dein Kind weiß inzwischen, dass Gegenstände und Personen etwas Unterschiedliches sind, und vor allem lächelnde Gesichter ziehen es an (auch das eigene im Spiegel). Dein Baby kann jetzt erste Kontakte knüpfen, sucht Blickkontakt, fremdelt oft noch nicht, „redet" mit einem anderen Kind oder Erwachsenen und lächelt häufig andere Menschen an. Es ist durch und durch sozial interessiert. Nur je nach Temperament kann ein Baby hier auch zögerlicher sein als andere. Stressen euch solche Zusammentreffen, dann mach dir keinen Kopf, dass du dein Baby „isolierst". Es braucht seine Bezugspersonen und normale zwischenmenschliche Interaktionen, die es erlebt, wenn ihr das Haus verlasst zum Spazieren oder Einkaufen, gerne natürlich auch im Rahmen der (Groß-) Familie oder Wahlverwandtschaft. Alles andere wäre nur ein Sahnehäubchen – der eine mag es, die andere eben nicht. Gleichaltrige Spielkameraden sucht sich dein Kind erst viel später!

Erinnerst du dich an den Begriff zu Beginn dieses Kapitels: Wonnealter? Das könnt ihr nutzen, um vor allem für dich als Begleitung Kontakte und Entlastung zu ermöglichen. Ist dir nicht ständig nach vielen Menschen, ist das aber auch okay und schadet deinem Baby nicht.

Aufmerksamkeit

Das ist ein schwieriger Begriff, weil er oft als etwas Schlechtes empfunden wird, obwohl er das nahezu nie ist.

- Jeder von uns sucht und braucht Aufmerksamkeit. Wir sind soziale Wesen und möchten interagieren.
- Spüren wir, dass wir zu wenig beachtet werden und haben wir noch keine Art gelernt, auf gute Weise um Aufmerksamkeit zu bitten, werden wir unter Umständen unangenehm auffällig. Das ist aber immer nur Kommunikation – nichts Schlechtes also. Mit Babys und kleinen Kindern ist die Kommunikation hier oft anstrengend, weil sie für uns manchmal noch zu unklar handeln. Dann müssen wir Großen lernen, besser „hinzuhören“.

Dein Baby zeigt jetzt deutlicher, wann es Aufmerksamkeit möchte und nicht allein sein mag: zum Spielen oder auch zum Trösten. Es dreht sich zu dir hin oder setzt seinen Tonfall gezielter ein, um dir zu signalisieren: *„Komm her!“* Das ist in der hohen Dosis vielleicht fordernd, aber im Grunde so positiv. Mach dir das immer wieder bewusst.

Nimm den Wunsch nach Aufmerksamkeit ernst, aber vergiss dich nicht dabei: Geh duschen, winke und singe, wenn es meckert – aber geh duschen, wenn du das brauchst!

Dein Baby kann auch selbst deutlich mehr Aufmerksamkeit schenken als vorher: Durch die immer bessere Verknüpfung der Sinne kann es länger ins Miteinander mit dir oder anderen gehen. Wonnealter eben! Oh, schau mal hin: Du magst es auch, wenn es dir seine Aufmerksamkeit schenkt. Das ist in keine Richtung etwas Negatives.

Langeweile

Dass größere Kinder sich langweilen, wenn Eltern telefonieren müssen, ist eine klassische Situation, die du sicher irgendwann erwartest. Aber dass auch ein Baby sich schon langweilen kann, hast du vielleicht gar nicht gedacht? Doch jetzt, wo dein Kind immer aufmerksamer ist, kann es auch spüren, dass ihm gerade Anregungen fehlen. Ein regulationsschwaches Kind wird rasch deine Hilfe einfordern, beispielsweise durch Schreien. Ein regulationsstarkes hingegen hat bereits jetzt eigene Mittel zur ersten Hilfe: Es nutzt seine Hände oder seine Stimme. Die Hände sind immer da und wunderbare Spielzeuge, die man angucken, anfassen und sogar anlutschen kann. Und Stimmbänder, Lippen & Co. können faszinierende Töne erzeugen. Manchmal klingt es dann so, als habe sich dein Baby verschluckt oder sei besonders unglücklich. Aber höre erst mal in Ruhe zu, ob das nicht einfach nur ein Herumprobieren ist, weil gerade andere Anregungen fehlen.

Schlafen

In Babykursen ist das Schlafen am Ende des ersten Lebenshalbjahres immer mehr Thema, denn vier, fünf, sechs Monate gestörte Nachtruhe sind schon eine Hausnummer. Einige wenige Babys schlafen jetzt schon ganz okay und vielleicht sogar im eigenen Zimmer. Wenn deines nicht zu dieser Gruppe gehört ist, ist es keine Ausnahme und hat sehr wahrscheinlich keine Schlafstörung, sondern ist einfach ein normales Baby. Die Fakten:

- Über drei Viertel der Säuglinge wachen nachts regelmäßig auf.
- Durchschlafen heißt nicht von 19:00 bis 9:00 Uhr, sondern sechs Stunden am Stück ohne Hilfe zu benötigen. Das kann zum Beispiel zwischen 18:00 und 0:00 Uhr sein oder auch zwischen 23:00 und 5:00 Uhr. Und selbst wenn dein Baby das schafft, wird es wahrscheinlich noch eine Weile nicht jede Nacht durchschlafen. Auch das ist normal.

- Positiv ist, dass dein Baby seine Hauptschlafenszeit jetzt längst in die Nacht gepackt hat. Freu dich darüber, denn das ist schon ein erster Schritt hin zu gemeinsamen ruhigen Nächten.
- Babyhirne brauchen Nahrung und das meist auch nachts. Weder häufiges Trinken am Tag noch der Beikoststart garantieren, dass dein Baby nachts keine Milch mehr braucht. Das ist bei jedem Kind verschieden. Schaue auf das Babybedürfnis. Es gibt keine seriöse allgemeingültige Angabe dazu, wann ein Kind nachts keine Nahrung mehr benötigt.
- Schlaf braucht Geborgenheit, egal in welchem Alter. Für die meisten Babys heißt das: Eine Bezugsperson muss in der Nähe sein. Das ist nicht anerzogen, sondern evolutionär bedingt. Ob du das mit einem Familienbett oder anders löst, ist deine Entscheidung.
- Werden Babys vor Hunger wach oder durch das Gefühl fehlender Nähe, schaffen es die einen, mit Milch und Zuwendung sofort wieder in den Schlaf zu finden, die anderen nicht. Das ist Typsache und jetzt nicht zu ändern. Die Reifung von Psyche und Regulationskraft braucht Zeit.
- Erste Hilfe können oft zwei Gedanken bringen: Zum einen gibt es deinem Baby Sicherheit, wenn es die Situation beim Wachwerden so wiedererkennt wie beim Einschlafen. Da geht viel über Geruch und Wärme. Vielleicht können ein Shirt von dir und ein Kirschkernkissen helfen. Zum anderen wachen Babys nach dem ersten Einschlafen am Abend häufig etwa 20–30 Minuten später noch einmal auf, zum Sicherheitscheck. Wenn du das miteinkalkulierst und da bist, kannst du unmittelbar reagieren und verhinderst wahrscheinlich, dass es richtig wach wird und du es erneut lange in den Schlaf begleiten musst.

Hilf deinem Baby dabei, in den Schlaf zu finden, abends und nachts, und zwar auf dem Weg, der für dich jetzt gerade am angenehmsten und für dein Kind hilfreich. Ist es Stillen? Ist es Tragen? Ist es Hopsen auf einem Sitzball? Ist es Summen, während ihr gemeinsam auf einer

Matratze am Boden liegt? Ist es ein Schnuller? Egal. Wichtig ist, dass deine Methode hilft und dass auch du so ganz okay durch die Nacht kommen kannst. Und wenn du irgendwann an den Punkt kommst, an dem du glaubst, es so nicht mehr zu schaffen, dann kannst du dein Vorgehen sanft ändern.

Hast du das Gefühl, das Thema Schlaf ist euer familiärer Dauerbrenner, dann hol dir noch mehr Input aus beziehungsorientierten Schlafratgebern. Wenn du noch in anderen Büchern liest, denke daran: Versprechen mit den Zusätzen „schnell und einfach" sind unseriös und sehr wahrscheinlich beziehungsschädigend.

Mehr Gedanken dazu findest du hier:

Lerne in diesem Video, warum Schlafprogramme möglicherweise der Beginn einer Beziehungsstörung sein können: https://youtu.be/eT_1FTZV5r8

Erfahre noch mehr darüber, was die negativen Folgen bestimmter Schlaftrainings sein können und wie sie heute bei Kindern konkret gemessen und dargestellt werden können: https://youtu.be/BknqZ66lXNw

Was kannst du noch tun?

Damit dein Baby möglichst viele schöne Gefühle empfinden kann, schenke ihm Aufmerksamkeit und Zeit. Verbring mit ihm Phasen am Boden auf der Krabbeldecke. Leg dich in Bauchlage zu ihm und unterhaltet euch oder schaut gemeinsam etwas an. Es ist ein Unterschied, ob du immer vor ihm sitzt oder stehst oder ob du dich auf seine Augenhöhe begibst.

Zeigt dein Baby Wut, Angst oder eine andere intensive Emotion, die ausgelebt werden muss, um wieder zur Ruhe zu finden, begleite es dabei und lass es nicht allein. Kleine Hilfsmittel zum Entspannen sind zum Beispiel:

- Seifenblasen: Das Schweben, das Schillern, das Platzen ist für Babys faszinierend und wirkt fast immer beruhigend.
- Fische: Ein Blick in ein Aquarium ist wunderbar beruhigend. Vielleicht gibt es ein entsprechendes Geschäft in eurer Nähe? Auch andere Tiere können ein aufgeregtes Gemüt manchmal runterfahren.
- Singen: Gesungene Wörter, egal in welcher Sprache, vermögen es viel besser als gesprochene, ein Baby zu erreichen und zu entspannen. Der Gesang macht Babys aufmerksam für deine Nähe und es kann rascher runterfahren.

Tragen und jede Form von körperlicher Nähe sind in angespannten Momenten immer eine clevere Idee. Sie wirken auch in schönen Phasen vorbeugend gut und beziehungsstärkend: Streichle dein Kind mit deinen Händen oder auch mit deinem Haar. Die Berührungen, dein Geruch, vielleicht eine Melodie dazu lösen gute Gefühle aus und schenken Sicherheit. *„Komm du kleiner Racker, komm auf meinen Schoß ...“* – solche und andere Kuschellieder und Schmusespiele verbunden mit vielen Berührungen und zugewandten Gesten verbinden euch.

sich drehen & gezielter bewegen

Bewegen und Entdecken

Die Muskeln deines Babys werden stärker. Auch wenn es noch nicht danach aussieht, sind die meisten seiner Bewegungen ein Training für den aufrechten Gang. Nacken, Rücken, Beine, Arme – alles wird langsam kräftiger. Du kannst das unterstützen, indem du deinem Baby die Gelegenheit gibst, sich viel frei zu bewegen, möglichst in deiner Nähe.

Sensomotorik

Das schon beschriebene bessere Zusammenspiel der einzelnen Sinne trifft auf die langsam kräftigeren Muskeln, sodass dein Baby Schritt für Schritt auf bestimmte Reize immer gleiche, sinnvolle Reaktionen zeigen kann. Irgendwann läuft es dann sogar durch den Raum, ohne anzuecken oder hinzufallen, da Augen, Muskulatur und Erfahrung zusammenarbeiten.

Symmetrie

Wenn du genau beobachtest, wirst du sehen, dass erst einmal viele Bewegungen symmetrisch vonstattengehen, beispielsweise wandern beide Hände gleichzeitig nach oben, wenn jemand deinem Baby dort ein Spielzeug anbietet. Eine der Entwicklungsaufgaben ist es, langsam auch nur eine Seite isoliert anzusteuern. Das dauert etwas, meist das erste halbe Lebensjahr, aber du kannst die Fortschritte gut beobachten.

Propriozeption

Schon im Unterkapitel über „Denken und Wahrnehmen" bist du diesem Wortungetüm begegnet. Das Erkennen der eigenen Lage im Raum und daraus resultierende Bewegungsabläufe gehören auch zum Blick auf die Motorik. In diesem Bereich übt dein Baby immer mehr, wenn es sich von sich aus bewegt. Das heißt es ist notwendig, dass dein Kind nicht nur von dir bewegt wird, sondern dass es selbst vom Bauch auf den Rücken wechseln darf, oder dass es spüren kann, wie seine Arme und Beine an einer Drehung beteiligt sind. Tücher, Kissen und Bälle sind jetzt gute Spielzeuge. Sie helfen deinem Baby, den Körper in seiner Begrenzung und Position zu spüren, wenn sie auf seine Haut gelegt werden.

Was kann dein Baby schon?

Der Kopf

Die Nackenmuskeln deines Babys werden immer stärker, sodass es seinen Kopf inzwischen eine Minute oder länger halten kann. In Kursen wird man manchmal dazu angehalten, dass Baby in die Bauchlage zu bringen und das Kopfhalten „zu trainieren“. Sei dir sicher, dass dein Baby ab und an absolut keine Lust dazu hat. Die Motivation zum Bewegen und Üben steckt in ihm selbst und kommt schon noch raus. Es braucht nur immer wieder die Chance zum freien Herumturnen auf einer Krabbeldecke oder Ähnlichem, vor allem im sicheren Zuhause. Und wenn es Spaß an der Bauchlage hat, dann kannst du das häufiger spielerisch mit ihm üben – aber nicht nach Stundenplan.

Manche Babys meckern allerdings wirklich sehr unglücklich auf dem Bauch. Sie müssen das nicht ertragen. Versuche das Spielen in dieser Position nächste Woche wieder.

DEIN BABY RICHTIG HOCHHEBEN

Denke daran, dein Baby immer seitlich hochzunehmen, wenn es auf dem Rücken vor dir liegt: Fass unter die Achseln, schieb ein paar Finger stützend in den Nacken, dreh es auf die Seite und heb es dann erst zu dir auf den Arm. Dabei müssen die seitlichen Bauchmuskeln mitarbeiten und werden gestärkt, aber der Nacken nicht zu stark gefordert.

Damit das Baby gern auf dem Bauch liegt und das Halten des Kopfes mehr Spaß als Anstrengung ist, solltest du deinem Baby bei diesem Spiel vor allem viel Nähe schenken. Leg dich auch auf den Bauch, vielleicht ihm gegenüber, und schaut euch an. Oder leg dich neben dein Kind und schieb deinen Arm unter seinen Achseln hindurch, so dass es ihn als Stütze hat und darüber schaut.

Andere Hilfsmittel sind:

- eine Handtuchrolle, die wie der Arm eine Stütze sein kann
- ein dünner Ordner, der unter dem Babybauch liegt
- dein Bein/Unterschenkel, über das bzw. den du dein Baby legst
- ein Planschbecken, bei dem das Baby auf dem nur leicht aufgeblasenen Rand liegt und das mit spannenden Dingen zum Gucken und irgendwann auch zum Greifen gefüllt ist

Schön ist auch ein Wasserball, auf dem dein Baby liegen kann. Achte darauf, dass du es nicht auf dem Stöpsel platzierst. Du kannst den Ball leicht bewegen und beobachten, was Hände und Füße machen, wenn sie den Boden berühren: Bleiben sie noch zu? Stoßen sie sich ab?

Mag dein Baby den Kopf gerne länger hochhalten, während es auf dem Bauch liegt, wirst du sehen, dass es ihn auch bewusster in die Richtung bewegen kann, wo etwas Spannendes passiert.

Viele Babys haben Spaß daran, ihren Kopf in Rückenlage anzuheben und erstaunlich lange zu halten. Jedes Kind findet da seine eigenen Vorlieben. Manche beginnen sogar in dieser Position zu robben statt klassisch in Bauchlage. Nichts davon ist besser als das andere.

Die Arme

Dein Baby kann seine Arme jetzt immer vielfältiger einsetzen:

- In Bauchlage nimmt es sie manchmal vom Boden weg, hält sie seitlich hoch und lässt sie flattern, als würde es auf dem Trockenen schwimmen oder durch die Luft fliegen. Jetzt arbeiten vor allem die Rückenmuskeln.
- Oft legt es die Arme angewinkelt eng am Körper ab, um sich aufzustützen.
- Schritt für Schritt siehst du, wie die Muskulatur erstarkt. Zunächst sind die Arme weiter vor deinem Kind angewinkelt. Dein Baby

stützt sich auf dem Ellenbogen ab, aber der Oberkörper wird kräftiger und aufrechter. Der Kopf schafft es höher.

- Und schließlich macht es die Arme vor sich lang und kann sie vom Boden abheben, um sich nur noch mit den Händen abzustützen. Das dient auch der Vorbereitung zum Sitzen.

Ganz oft wechselt dein Baby zwischen diesen Möglichkeiten hin- und her, was im Grunde echtes sportliches Training ist. Versuche mal mitzumachen!

Liegt dein Baby auf dem Rücken, nutzt es die Arme und die Hände oft sehr gekonnt, um nach etwas zu greifen, was neben ihm liegt. Manche Kinder kommen so vor lauter Neugier ins Drehen, andere sind gemütlicher, aber dafür geschickt genug, um auch ohne Drehung zu bekommen, was sie fasziniert.

Vielleicht kann dein Baby auch bald schon seitlich recht stabil liegen. Dann hebt es den Kopf, stützt sich auf einem langen Arm ab und hat den zweiten frei zum Spielen. Oder es bleibt mit dem Oberkörper auch am Boden und nutzt sogar beide Arme in der Seitenlage. Beobachtest du, dass es einen Arm nicht immer zum Stützen benötigt, nutze das zum Spielen und biete deinem Baby von vorn oder seitlich und leicht von oben etwas an, das frei baumelt und nachdem es sich strecken kann.

Die Hände

In Rückenlage kann dein Kind seine Hände nun in der Mitte über seinem Bauch zusammenführen und nimmt dort gerne Spielzeuge an. Biete ihm zunächst alles mittig an. Immer öfter greift es aber auch über die Mitte auf die andere Körperseite, wenn du seitlich etwas hinhältst. Probiere das aus. Das Verschwinden der schon genannten „Symmetrie der Bewegungen“ kannst du besonders gut an den Händen feststellen, denn dein Baby wird stetig gezielter nur eine Hand einsetzen. Dann beginnt es auch, einen Gegenstand hin- und herzuwechseln. Manchmal ist es erst nach dem ersten Lebensjahr soweit.

Je gestärkter die Muskulatur ist, desto weniger braucht dein Baby in Bauchlage die Arme und die Hände zur Unterstützung, um nicht umzufallen. Dann hat es die Hände frei und kann auch hier beid- und bald einhändig agieren.

Die Hände sind immer häufiger offen. Die ganze Körperhaltung wird ja beständig weiter, lockerer und weniger eingeigelt – die Embryonalstellung deines Säuglings ist passé. Dabei geschieht jede Bewegung stetig besser abgestimmt mit dem, was das Baby sehen kann. In Sachen Hand-Augen-Koordination macht es rasch Fortschritte.

IDEEN FÜR DAS SPIEL DER HÄNDE

Die Hände mögen gerne möglichst viel Unterschiedliches wahrnehmen. Unterschiedliche Formen und Oberflächen sind das Beste. Schau dich zu Hause um: Die Häkeldeckchen von der Großtante können endlich ein Einsatzgebiet finden, das prall gefüllte Kirschkernkissen ist faszinierend oder die noch unbenutzte Spülbürste macht Spaß beim Greifen in die Borsten. Wenn du nähen kannst, kannst du Fühlkissen herstellen und mit allem füllen, was sich interessant anfühlt (und vielleicht auch anhört), aber auf Grund von Oberflächenbeschaffenheit oder geringer Größe eigentlich für dein Baby zu gefährlich ist (Tannenzapfen, Nudeln, Murmeln, Knisterfolie …)

Jetzt ist übrigens auch eine gute Zeit, nochmal Hand- und Fußabdrücke zu nehmen und daraus Karten zu basteln. Je älter dein Baby wird, desto wahrscheinlicher ist es, dass du eine zweite Person benötigst, um das liebevoll hinzubekommen.

Die Hand selbst wird im zweiten Vierteljahr zunächst noch als Ganzes benutzt: Dein Baby patscht auf die Sachen. Doch rasch lernt es, den Daumen im sogenannten Scherengriff allen anderen Fingern gegenüberzustellen, um gezielt greifen zu können. Besonders gut kannst du den Einsatz der Finger beobachten, wenn du ihm ein dickes Seil zum Spielen anbietest.

Die Füße

Niedlich ist, dass die Entwicklung der Füße ein bisschen ähnlich ist: Dein Baby kann sie gezielter ansteuern, einzeln nutzen und je nach angebotenem Gegenstand auch mit den Zehen greifen. Manchmal hantieren auch alle Viere gemeinsam über dem Bauch. Dass die Füßchen im Mund landen, dauert aber meist bis etwa in den siebten Lebensmonat hinein, weil die Hüfte vorher nicht beweglich genug ist.

IDEEN FÜR DAS SPIEL DER FÜSSE

Damit dein Baby mit seinen Füßen spielen kann und gut begreift, wo sie sind und wie es sie nutzen kann, kannst du ihm zum Beispiel eine Armrassel auch am Knöchel befestigen oder Socken mit Glöckchen versehen (festes Nähgarn!). Das macht ihm sicherlich Spaß. Und nach wie vor sollten die Füße viel nackt sein dürfen, damit dein Baby sie in der Rückenlage spielerisch und in der Bauchlage vielleicht schon als Antriebshilfe nutzen kann.

Der Mund

Noch wichtiger als Hände und Füße zum „Begreifen“ aller spannenden Oberflächen, Gegenstände oder auch Gesichter ist aber immer noch der Mund. Lippen und Zunge sind supersensibel und ertasten alles, was sie zu fassen bekommen. Gönn das deinem Kind möglichst oft, wann immer das Forschungsobjekt ungefährlich ist. Vorsicht ist geboten bei Taschentuchverpackungen, da der Klebeverschluss leicht abreißt und sich im Hals unangenehm festsetzen kann, sowie auf jeden Fall bei Luftballons. Stücke einer geplatzten Ballonhaut musst du sofort entfernen und dein Baby sollte entsprechend nie mit einem Luftballon allein sein.

Der ganze Körper

Als wichtigsten Move lernt dein Baby jetzt das Drehen. Auch hier sind manche wieder gemütlicher als andere, was meist kein Grund zu Sorge ist. Gerade kräftig gebaute Kinder starten oft später. Biete deinem Kind die Möglichkeit, sich frei auszuprobieren. Mag es von dir auf den Bauch gelegt werden, wird es über kurz oder lang eher zufällig auf den Rücken geraten. Meist ist sein Kopf so schwer, dass ihn dieser herumzieht. Zunächst passiert das meist nur über die immer gleiche Lieblingsseite – auch das ist ganz normal.

Wenn du mal spielerisch unterstützen magst, schau dir an, in welche Richtung dein Baby in Bauchlage seinen Hinterkopf dreht und nutze die Schwerkraft des Köpfchens. Du berührst dabei nur die Beine: Das oben liegende muss leicht angewinkelt sein, das unten liegende gestreckt. Dabei darfst du helfen. So kannst du ein leichtes Drehen unterstützen, zum Beispiel wenn du dein Baby aus der Bauchlage hochnehmen möchtest (auch als Rettung, wenn es in der Bauchlage plötzlich unzufrieden ist und sich nicht allein befreien kann). Dreht es sich mit deiner Hilfe, spürt es seinen Körper in dieser Bewegung. Das tut ihm gut.

Um vom Rücken auf den Bauch zu kommen, braucht es mehr Muskeln und Kraft. Bis das klappt dauert es oft noch bis in das zweite Lebenshalbjahr hinein. Es funktioniert aber wieder ähnlich mit einem angewinkelten und einem gestreckten Bein, über das dein Baby sich dreht.

Du wirst langsam immer erstaunter sein, dass dein Turner oder deine Turnerin plötzlich nicht mehr da liegt, wo du ihn oder sie vor wenigen Minuten hingelegt hattest. Dein Kind findet schnell diverse, wieder individuell verschiedene Methoden, um sich fortzubewegen und seine hinzugewonnene Kraft auszuprobieren:

- Beim Kreisrutschen bleib das Kind in Bauchlage und schiebt sich vor allem mit Hilfe der Hände zirkelnd herum.
- Um ins Robben zu kommen, starten die meisten Kinder damit, sich rückwärts zu schieben – unabsichtlich und häufig auch mal mit unglücklichem Gesicht oder Stimmchen. Das liegt daran, dass die Arme noch stärker sind als die Beine. Vielleicht wird dein Kind beides im ersten Lebenshalbjahr auch noch nicht schaffen.
- Manchmal klappt auch das Vorwärtsziehen. Das hängt oft vom Untergrund ab. Die Hände und Unterarme brauchen dafür Kraft und Rutschmöglichkeit.
- Dann ist es möglich, dass ein Baby am Ende der ersten sechs Monate über kleine Hindernisse kommt. Aber pass auf: Es kann natürlich noch nicht einschätzen, was unangenehm ist oder gar wehtut.

Das heißt jetzt kommt es vielleicht zu ersten kleinen Verletzungen. Mach dir nicht zu viele Vorwürfe: Du kannst gar nicht alles verhindern und dein Baby kommt mit fast allem gut klar. Wunden heilen nicht schneller als bei uns Großen, aber Kinder haben in der Regel weniger Störfaktoren, wie ein geschwächtes Immunsystem, die Entzündungen hervorrufen können.

Was kannst du noch tun?

Jeden Tag kannst du deinem Kind aufs Neue die Chance geben, auch motorisch Schrittchen für Schrittchen voranzukommen. Sorge für Abwechslung und achte auf die Reaktionen deines Kindes. Einen Wechsel von Tragen zu Liegen in der Wippe oder auf der Krabbeldecke mögen und brauchen alle Kinder, ebenso den Wechsel von aufregenden und eher entspannenden Spielphasen. Aber ein gezieltes Abwechseln von Rücken- und Bauchlage, wie es in manchen Babykursen quasi Pflichtprogramm ist, mögen manche Babys gar nicht und müssen da auch nicht durch. Biete es an und schau, wie es deinem Kind gefällt. Meckert es in Bauchlage nur ein bisschen, leg dich flach auf den Boden dazu, sodass es nicht allein ist. So könnt ihr euch ein bisschen unterhalten. Schimpft es heftig, befreie es schnell.

- Bewege dein Baby immer mit dem ganzen Körper langsam mit, wenn du es aufnimmst. Das heißt du solltest es nicht aus der Bauchlage hochnehmen und ruckartig auf dem Rücken wieder ablegen, sondern es sachte über die Seite drehen, sodass es die Abläufe mitfühlen kann und seine Muskeln nach und nach dabei mitkommen.
- Auch wenn du es aus der Rückenlage zu dir hochnehmen willst, mach dies zart drehend über die Seite. Das ist für den Babykopf und -nacken viel leichter zu bewältigen und stärkend.
- Führe alle Spiele und Bewegungen langsam aus. Dann kann dein Baby mit den Augen und auch in der übrigen Wahrnehmung am besten mithalten.
- Wiederhole deine Spielereien immer wieder. Dein Baby braucht keine ständige Abwechslung so wie wir bei der abendlichen Filmauswahl beim Streamingdienst. Es liebt Bekanntes, mag Gewohnheiten ausbilden und wissen, was als nächstes kommt. Das gibt ihm Sicherheit und es kann in Ruhe lernen.

Selbst wenn du dein Kind trägst, unterstützt du es übrigens in der motorischen Entwicklung. Beispielsweise wenn du es in Fliegerhaltung vor dir hältst und rhythmisch mit ihm läufst oder Singspiele machst. Aufregend ist es, wenn du selbst sitzt, dein Kind unter den Achseln vor dich hältst und es „fliegen" lässt. Dafür muss es fit und wach sein, um vor allem den Kopf gut zu halten.

Lass dich nicht dazu verführen, der natürlichen Entwicklungslust deines Kindes vorzugreifen. Gesunde Kinder haben den Drang zur motorischen Reifung in sich. Sie müssen nicht dazu angehalten werden, sich ständig auf den Bauch zu drehen, und brauchen auch später keinen Lauflernwagen, um die ersten Schritte zu schaffen. Sie brauchen nur die Chance auf viele, viele Momente, in denen sie sich frei bewegen können. Alle Hilfen dürfen sein, aber müssen nicht.

RÜCKSCHRITTE KOMMEN VOR

Wundere dich nicht, wenn dein Kind gestern noch drei neue tolle Bewegungen gemeistert hat, aber heute plötzlich wieder nur auf dem Rücken liegen mag. Solche Pausen nach einem neuen Meilenstein sind ganz typisch. Es gehört immer viel Üben und Probieren dazu, etwas Neues zu schaffen, und nur weil es dann irgendwann zwei-, dreimal hintereinander gelingt, ist die neue Fähigkeit noch nicht unbedingt stabil erworben.

Spielideen

Dass dein Baby viel nackt sein darf oder zumindest oft wenig Kleidung tragen muss, hilft ihm sehr dabei, sich motorisch gut entwickeln zu können. Ist es eher ein bisschen gemütlich, kannst du ihm verschiedene Positionen anbieten. In Bauchlage kannst du es mit Spielzeug in die (Fort-)Bewegung locken. Auch ein zum Beispiel mit Stoff gepolstertes Brett, das du schräg an einen Karton lehnst, kann ein simpler toller Spielort sein, um auf dem Bauch ins Bewegen und Kreiseln zu kommen, weil die Schwerkraft hilft.

In Rückenlage kannst du mit ihm Singspiele machen, bei denen du die Beine bewegst (strampeln oder kreisen lässt, beugst und streckst, am besten im Uhrzeigersinn entsprechend der Darmtätigkeit). Das kann sogar eine etwas stockende Verdauung in Schwung bringen. Oder lass dein Kind gegen deine Handflächen treten, halt die Füßchen fest und beweg die Beine wieder mit.

Um seinen ganzen Körper anzusprechen, kannst du dein Baby mit einem zweiten Erwachsenen oder einem schon großen Geschwisterkind in einem Bettlaken hängemattenartig schaukeln lassen oder mit einem langen Tuch eine Schaukel unterhalb einer Tischplatte knoten (Anleitungen findest du im Internet). Außerdem kannst du ausprobieren, wie es sich inzwischen in einem Bällebad fühlt. Motorisch flotte Kinder genießen es darin Ende des ersten Lebenshalbjahres oft auch schon in Bauchlage.

Spielzeug

Um deinem Baby viel (Bewegungs-)Spaß zu ermöglichen, musst du gar nicht viel kaufen. Im Internet stößt du auf tausend und eine Idee, um anregendes Spielzeug aus alltäglichen Dingen selbst zu basteln. Gefüllte Kunststoffflaschen, die schon erwähnten Fühlkissen oder Selbstgenähtes mit Glöckchen oder Bändern und ganz, ganz viel, was ihr sowieso in Küche und Badezimmer habt, ist spannend genug: Leg mal den Schneebesen auf die Krabbeldecke oder stell den Wasserkasten (nur im unteren Bereich gefüllt) seitlich liegend auf den Boden. Klapp große Kartons auf und mach sie spannender, indem du Öffnungen hineinschneidest und Seile oder Tücher daran befestigst. Biete Spielzeug mal etwas erhöht auf einem Kistchen an, sodass dein Baby hochgreifen muss – und verzichte noch auf alles, was rund ist und schnell wegrollt. Würfel und ähnliches sorgen für deutlich weniger Frust.

Sollten Patinnen, Paten oder Großeltern etwas schenken wollen, kannst du dir aber weiche Motorikelemente für dein Kind wünschen, die jetzt als schiefe Ebenen oder kleine Erhöhungen dienen und mit denen es auch im Kindergartenalter noch Spaß beim Hüpfen oder Hüttenbauen hat.

Du bleibst allerdings das wichtigste Spielzeug. Lass dein Baby auf deinem Bauch liegen, sodass ihr euch angucken könnt. Oder leg es als Flieger auf deine angewinkelten Beine, wenn du auf dem Rücken liegst. Dabei seid ihr ganz nah, es hat dein Lächeln als Sicherheit und kann die Höhe, die Bewegungen und auch die Bauchlage genießen. Wenn du es dabei unter seinen Achseln stabilisierend festhältst, ist das ein tolles Spiel, auch hinsichtlich der kindlichen Wahrnehmung im Raum.

Wasser

Mit dem Baby zu schwimmen, ist eine weitere spielerische Möglichkeit, ihm freies Bewegen zu ermöglichen. Kurse sind hilfreich und sinnvoll. Aber du kannst dich auch ohne Anleitung ins Wasser trauen, wenn

- es warm genug ist,
- du fest stehst,
- du dein Kind sicher halten kannst
- und du darauf gefasst bist, dass das kein stundenlanges Vergnügen wird.

Wasser erleichtert deinem Baby Bewegungsabläufe, aber macht auch müde und kühlt aus.

Manche Babys haben anfangs gar keinen Spaß an Wasser. Da wird selbst das Baden zu Hause in der womöglich extra angeschafften Wanne ein wirkliches Drama (von Anfang an aber manchmal auch ganz plötzlich). Nimm die Gefühle ernst, schwenke eine Weile auf Waschen mit einem Lappen am Wickeltisch um und versuche es später wieder. Manchmal hilft es, wenn du mit deinem Baby zusammen in die große Wanne steigst und wirklich ganz langsam machst.

Achtung beim Baden: Längere Haare von dir fallen leicht mal ins Badewasser und kringeln sich dann unter Umständen irgendwo um dein Baby. Bleiben sie an Fingern oder Zehen hängen, können sie die zarte Babyhaut leicht einschnüren. Es lohnt sich, beim Abtrocknen und Kuscheln auf dem Wickeltisch darauf zu achten und Haare zu entfernen, bevor sie kleinere Verletzungen verursachen können.

Bleib außerdem gelassen beim Thema „Vergleichen“: Jetzt werden sicher schon Unterschiede sichtbar zwischen deinem Kind und Gleichaltrigen. Zieh daraus keine Schlüsse für andere Entwicklungsbereiche. Ein motorisch gemütliches Kind ist nicht zwingend auch sprachlich später dran. Und motorisch fitte Kinder haben durchaus noch Zeit für andere Meilenstein. Da gibt es viele „Legenden“. Kann sein. Kann nicht sein. Die Vorsorgeuntersuchungen haben das im Blick.

Spielerisch durch den Alltag

Nachdem alle Sinnesorgane immer besser zusammenarbeiten können und dein Baby die Körperteile immer bewusster ansteuern kann, verfeinert es nach und nach Grob- und Feinmotorik – immer wieder mit wechselndem Schwerpunkt. Um den ganzen Körper, also gröbere Bewegungen, zu fördern, eignet sich vor allem gemeinsame Spielzeit am Boden, gerne auch so nackig wie möglich. Aber nimm dir auch Zeit am Wickeltisch. Mach aus dem An- und Ausziehen zum Beispiel ein Singspiel mit viel Interaktion, Streicheleinheiten, lustigen Texten und wiederkehrenden Melodien. Du kannst Wörter und Berührungen kombinieren (*„Da ist dein Ohr. Und das ist mein Ohr.“*). Eine neue Position kann sein, dass dein Baby angelehnt an deinen Oberkörper zum Beispiel vor statt unter dem Spieltrapez mit Händchen oder Füßchen aktiv werden darf.

Und für das Feine räume die Küchenschubladen und die Badezimmerschränke aus, um immer wieder anderes Spielzeug für dein Kind zu finden. Tastbilderbücher können seine ersten Bücher werden, die ihm richtig viele aufregende Reize schenken. Spielerisch entdeckt es so die Welt und kann sich immer besser in ihr „bewegen“.

Planbarkeit

Bei der Gestaltung eurer Tage solltest du weiterhin so oft wie möglich auf einen guten Rhythmus achten, der deinem Kind und dir ein Gerüst ist. Wie eng der gestaltet werden muss oder eben nicht, merkst du deinem Kind an: Einige kommen mit dauernden Veränderungen ohne Probleme klar, eher regulationsschwache sind durch diese unvorhersehbaren Reize zusätzlich gestresst, sodass du euch beiden damit keinen Gefallen tust.

Fremdeln verhinderst du nicht automatisch, indem dein Baby ständig unter vielen Leuten ist. Dass es andere Menschen kennt und trifft, ist dabei nur ein Faktor. Sein Temperament und die sichere Bindung zu dir sind wichtige andere.

Du möchtest noch mehr Beziehungen

Bindungsstärkend ist es, wenn du dein Baby gut kennst und seine Bedürfnisse recht sicher erfüllen kannst. **Beziehungsstärkend** ist gemeinsam verbrachte, innige Zeit. Lieder, Spiele, Berührungsrituale, kuschelnd auf einem Pezziball hopsen, reden, baden, mit den eigenen Haaren streicheln – solche simplen Kleinigkeiten helfen. Und sie sind nicht nur der primären Bezugsperson vorbehalten. Beide Eltern, aber auch Geschwister, Patinnen und Paten, Großeltern und andere können so versuchen, gute und verbindende Momente mit dem Baby zu erleben. Wünschst du dir Unterstützung und ein großes Netz für dein Baby, ermutige entsprechende Personen zu solch inniger Interaktion. Wünschen sich andere diese Nähe zu deinem Baby, ohne dass du eigentlich das Bedürfnis hast, es auch abzugeben, versuche, diese Kontakte dennoch zuzulassen. Deinem Baby tut es gut, mit der Sicherheit durch deine Nähe auch andere fürsorgliche Menschen in seine Bindungswelt zu lassen.

An dich denken

Je älter dein Baby wird und je länger Wochenbett und Abreise ins Babyjahr her sind, desto mehr Kontakte, aber auch Vergleiche kommen sicher in dein Leben. Mache ich es falsch? Wie machen es „alle“? Was sind meine Schwierigkeiten? Wo rühren sie her? Diese Fragen kennen fast alle Eltern. Um damit gut zurechtzukommen, brauchst du ein paar Grundlagen.

Selbstvertrauen: Dieses Buch stärkt es hoffentlich. Du lernst dein Baby kennen und sammelst allgemeines Wissen rund um das erste Babyjahr. Du blickst auf dich und eure Situation. Du holst dir Hilfe, wenn du spürst, sie ist notwendig. Du machst das gut genug!

Einen guten Blick auf die anderen: Sind sie selbst möglicherweise unsicher und kritisieren dich deshalb? Oder sind sie sehr dogmatisch und sehen nicht die Individualität in jeder Familie? So oder so sind ihre Gründe wahrscheinlich gute Gründe für dich, nicht so genau hinzuhören.

Eine gute Methode: Wirst du kritisiert, starte nicht sofort mit Erklärungen und Rechtfertigungen, sondern frage zurück. Warum denkt die andere Person so? An den Antworten kannst du leichter festmachen, warum die Kritik möglicherweise für eure Familie, euer einzigartiges Baby gar nicht passt.

Sachlichkeit: Spürst du, dass ein Kritikpunkt dich immer wieder pikst, lass ihn an dich heran. Schau hin, beschaffe dir fundierte Informationen und bewerte ihn. Vielleicht ist er doch eine konstruktive Hilfe. Wichtig ist, dass du jeden Inhalt loslöst von der Person, die ihn äußert. Dann kannst du sortieren, ob du ihn brauchen oder vergessen kannst. Weder die Hebamme muss immer recht haben noch die Schwägerin immer Unrecht.

Ob du noch viel lernen und verändern musst, darfst du innerhalb eurer Familie feststellen, nicht in Relation zu den anderen. **Es ist gut so wie es ist!** Und das heißt nicht unbedingt, dass da nichts mehr kommt, dass nicht noch viele Lernaufgaben auch dich warten. Aber es heißt, dass du dir dessen bewusst bist und diesen Weg unabhängig davon gehen darfst, was andere falsch oder bedenklich finden oder gar vermeintlich besser hinbekommen.

Halte immer mal inne und frage dich:

- Wie geht es mir?
- Welche Wünsche habe ich für mein Baby?
- Fühlen sich die Antworten gut an oder sollte ich jetzt etwas verändern?
- Und wenn du magst, versetz dich auch mal in die Lage deines Babys: Was denkst du, wie es ihm geht? Fehlt ihm etwas? Was genießt es besonders? An welcher Stelle würde es sich vielleicht eine Veränderung wünschen? Kannst du ihm da helfen?

EXPEDITIONEN WAGEN – DAS DRITTE VIERTELJAHR

Wenn ihr etwa die Hälfte eurer Reisezeit hinter euch habt, steigen wahrscheinlich Lust und Mut, die Welt noch genauer zu erkunden. Einige Babys können das nun immer gezielter allein. Andere brauchen noch mehr Unterstützung, um sich auch mal aus dem Mama- oder Papa-Reisemobil herauszuwagen. Die meisten haben Freude am Entdecken und manche sogar Spaß an kulinarischen Abenteuern. Unter Umständen zeigen sich aber auch verstärkt Vorsicht und Ängste. Du kannst das begleiten.

Das zweite Lebenshalbjahr ist oft die Zeit, in der Eltern besonders verunsichert sind, weil Unterschiede zu gleichaltrigen Babys mehr und mehr auffallen. Sehr hilfreich ist der Blick darauf, was dein Baby richtig gut kann:

- Ist es ein Guck-Kind?
- Ist es eine kleine Sportskanone?
- Ist es ein Erzähler oder eine Erzählerin?
- Ist es ein Welterfühler oder eine Welterfühlerin? Mit den Händen oder mit dem Mund?

Wenn du dir das überlegt hast, weißt du, wo sein Entwicklungsschwerpunkt liegt. In diesem Bereich ist es anderen vielleicht eine Nasenlänge voraus. Damit hat es weniger Kapazitäten für anderes. Du kannst auch nicht Turmspringen lernen, wenn du den ganzen Tag über Büchern zu Altgriechisch sitzt. Denke daran, dass große Probleme bei den Vorsorgeuntersuchungen auffallen werden. Alle anderen Unterschiede und Besonderheiten sind das, was dein wunderbares Kind ausmacht. Es ist eine Persönlichkeit und macht die Welt ein bisschen bunter.

Denken und Wahrnehmen

Die Denkfähigkeiten deines Babys steigern sich rasant. Du wirst spüren, dass das Spielen mit ihm immer spannender wird, weil es dir stetig mehr zurückgibt, während es Zeit mit dir verbringt und versucht, die Welt zu begreifen. In manchen Momenten wird es dich schon jetzt regelrecht verblüffen, wenn du genau darauf achtest, wie dein Baby seine Abenteuerreise fortsetzt. Alle seine Fähigkeiten sind nun noch besser vernetzt.

Was kann dein Baby schon?

Sehen

Du kannst davon ausgehen, dass dein Baby langsam das gleiche sieht wie du, auch alle Farben und rasche Bewegungen; nur die Sehschärfe und das Blickfeld sind noch lange nicht so gut wie bei dir. Seine Augen sind dennoch richtig fit geworden. Spätestens mit etwa acht Monaten nimmt es auch Tiefe im Raum und die dritte Dimension bei Gegenständen wahr, sodass es leichter mit verschiedenen Materialien hantieren kann oder kleinteiligere Handgriffe im Spiel mit anderen beherrscht.

Gedächtnis und Denkvermögen

Je nachdem, was du deinem Baby an Material anbietest und wie du es ihm hinhältst, wird es nach und nach verändert, nämlich gezielter zugreifen: Hat das Ding einen langen Griff? Ist es ein weiches Tuch? Eine bewegliche Kette? Ein runder Ball? Das liegt nicht nur am Sehvermögen. Dein Baby erinnert sich und kann auch immer besser erschließen, auf welche Art genau es bei diesem Ding am besten zupacken kann. Ein Grund dafür ist, dass es durch geistige Reifung unter anderem Größe und Entfernung besser einschätzen kann. Hinzu kommt die verfeinerte Handmotorik. So sind die verschiedenen Entwicklungsbereiche wieder besser verwoben und alles greift ineinander und führt zur guten „Vorweganpassung" der Hände. Schau mal hin und wechsle mit Absicht die angebotenen Gegenstände.

Dein Kind beginnt außerdem zu verstehen, dass Dinge weder aus dem Nichts auftauchen, noch dorthin verschwinden. Das Kurzzeitgedächtnis funktioniert jetzt besser und arbeitet mit der Erwartungshaltung zusammen, die sich durch immer neue Erlebnisse speist. Der Würfel ist noch da, wenn er unter einem Tuch versteckt wird, und dein Baby sucht danach – Gegenstände erkennt es endlich durchgängig als „permanent. Das Licht an der Decke geht immer an, wenn du den Schalter drückst – einfache Vorgänge versteht es nun in Ursache und Wirkung. Und vor allem: Du und andere Bezugspersonen sind noch da, selbst wenn sie aus dem kindlichen Sichtfeld verschwinden – auch Menschen begreift es als permanent vorhanden. Ist dein Kind motorisch fit, kommt es dir dennoch öfter hinterher. Ist es sicher und fühlt sich wohl, kann es aber auch eine Weile auf dich warten, denn es weiß eben, dass du nicht weg bist.

In der Interaktion deines Babys mit dir kannst du feststellen, dass es häufiger gezielt nachahmt, was du tust:

- Kuckuck spielen hinter einer Ecke oder unter einem Tuch
- genau das anschauen, was du dir anguckst
- mit dem Hämmerchen klopfen so wie du
- ein Telefon ans Ohr halten
- ein Bilderbuch anschauen
- wie du mit dem Plüschhasen kuscheln
- vielleicht sogar schon winken

Was genau es begeistert, ist individuell. Aber dein Baby wird mehr und mehr Teil deiner Welt und deiner Handlungen. Was du interessant findest, will auch dein Kind kennenlernen.

Besonders gern lässt es sich etwas zeigen und zeigt vielleicht auch selbst vermehrt („*Da!*“, „*Daaa!*“ und „*Da da da!!*“). Alles, auf das du verweist, interessiert dein Kind besonders, sodass es den Gegenstand neugierig in die Hand nimmt, unter das Sofa schaut oder sich der Person zuwendet, auf die dein Zeigefinger gedeutet hat.

Viele Babys fasziniert nun beispielsweise erstmals das elterliche Smartphone, denn wir nutzen es im Alltag einfach wahnsinnig oft. Kein Grund für Schuldgefühle, bitte! Ohne das Gerät hättest du häufig den Papierkalender, eine Zeitschrift, einen Ratgeber oder einen Telefonhörer in der Hand. Dann wäre eben das der Gegenstand der kindlichen Neugier. Wichtig ist, dass dein Kind ausreichend Aufmerksamkeit bekommt.

Hören, Sprechen und Kommunikation

Dein Baby kann noch genauer lokalisieren, wo ein Geräusch herkommt: Es erkennt nicht nur die Richtung, sondern auch, was genau den Ton erzeugt. Und es kann auch konzentrierter ganz feine Geräusche wahrnehmen. Wenn du mit einer Folie raschelst, ihm zeigst, dass in einem Ball ein Glöckchen erklingt oder ein Holzbaustein auf dem Fliesenboden tolle Töne erzeugt, wird es das lieben. Es kann vielleicht rasch einordnen, dass du an die Tür gehst, wenn die Türklingel ertönt. Aber es ist auch sensibel: Achte darauf, dass direkt am Ohr keine zu lauten Spielzeuge genutzt werden. Manche elektronischen Geräte sind unfassbar laut, wenn man sie direkt am Kopf hat. Manchmal hilft ein Klebestreifen über dem Lautsprecher des Spielzeugs dabei, die Lautstärke zu dämpfen.

Alles ist schöner mit Musik, das hast du sicher schon festgestellt.

Dein Gesang, ein Summen oder eine Spieluhr können beruhigen. Ein spontan getexteter Song kann die Gefühle deines Babys in anstrengenden Momenten einfangen. Das immer gleiche Lied zur Begrüßung in der Spielgruppe oder vor eurem Abendessen schafft ein Wohlgefühl im Kind. Doch jetzt ist es geistig und motorisch auch so weit, dass es selbst mitmusizieren kann, wenn es mag. Rasseln, Klappern, Glocken, ein Xylophon und selbstgebastelte Rhythmusinstrumente sind tolle

Angebote, um spielerisch das Gehör und weitere Sinne anzusprechen. Zwei Klanghölzer (begeistert!) gegeneinander zu schlagen, ist einer der Meilensteine, der im dritten Lebensquartal erreicht werden kann. Auch Lieder mit Gesten, die zum Text passen, können euch gemeinsam in die Musikwelt eintauchen lassen. Dein Baby kann vieles noch nicht nachmachen, aber liebt dein Schauspiel. Manches kannst du gar nicht oft genug wiederholen.

In der **Sprache deines Babys** stellst du nun einige Fortschritte fest:

- Es beginnt, Silben zu verdoppeln (z. B. „*Mamama …*“ – in der Regel noch ohne sinnhafte Bedeutung) und kann immer kontrollierter eine Silbenkette beenden.
- Es verwendet eindeutig eher Laute, die in seiner Muttersprache vorkommen, und ahmt hier Gehörtes entsprechend seiner Fähigkeiten nach – manchmal auch nur im Tonfall oder der Sprachmelodie.
- Es experimentiert mit Lautstärke.
- In Kombination mit der Zeigegeste kann dein Kind sich in einigen Situationen endlich verständlicher ausdrücken und deutlich machen, was es haben möchte.
- Dein Kind wird sehr sozial im Sprechen: Es plaudert oft mit, wenn sich jemand unterhält, und „telefoniert“ ebenfalls, wenn du dein Telefon am Ohr hast.
- Auch ungewöhnliche Geräusche wie tiefes Brummen oder Krächzen sollten dich nicht irritieren. Manchmal klingen sie fast wie Husten oder Würgen. Dein Baby experimentiert einfach.

Viele Eltern haben den Eindruck, ihr Kind kann jetzt schon sein erstes Wort sagen. Das ist möglich, aber in der Regel sind es noch Zufallsprodukte: Eine Äußerung klingt dann nur für erwachsene Ohren wie ein bestimmter Begriff, aber dein Kind hat noch keinen Sinn hineingesteckt. Manchmal dauert das bis rund um den ersten Geburtstag, bei einem sprechfaulen Kind auch mal länger, ohne dass du dir Sorgen machen musst.

SPRECHENÜBEN TROTZ SCHNULLER

Beim Sprechenüben kannst du dein Baby unterstützen, indem du darauf achtest, dass der Schnuller nicht dauerhaft im Mund ist. Vielleicht kannst du Gewohnheiten schaffen, sodass es immer mehr schnullerfreie Zeit gibt: nach dem morgendlichen Aufstehen, nach einer Mahlzeit, beim Verlassen des Hauses in der Trage oder dem Kinderwagen. Immer wenn viel zu bestaunen ist und die Laune noch gut, hast du ein perfektes Zeitfenster, um den Schnuller mal wegzulassen.

Verstehen kann dein Baby jetzt allerdings wirklich viel, da täuscht dich dein Eindruck meist nicht. Bis zum Alter von etwa neun oder zehn Monaten begreift es langsam einzelne Wörter. Besonders Nomen, die ja oft eng mit Gegenständen verbunden sind, kann ein Baby in dem Alter rasch zuordnen, aber auch Verben und Begriffe, die mit Gesten verbunden sind, können viele nun verstehen und darüber mit ihrem Umfeld interagieren. Wahrscheinlich hat dein Baby jetzt schon besonderen Spaß an Fragen wie: *„Wo ist Mama?", „Wo steckt denn der Papa?", „Wo haben wir denn deine Kuschelkatze liegen gelassen?"* Der Unterschied zum früheren Spielen mit der Wo-Frage ist, dass dein Baby nun nicht nur eine Erwartung hat, was passieren wird (z. B. Papa taucht hinter dem Kissen wieder auf), sondern aktiv und mit dir gemeinsam sucht. Probiere es mal aus. Das können tolle Spielzeiten sein.

Wundere dich nicht, wenn es so scheint, als würde dein Baby quasi wieder verstummen. Solche Sprechpausen irritieren Eltern leicht, aber sie sind ganz normal. Sicher wird es bald weitergehen und dein Kind wird nochmal neue Fähigkeiten mitbringen.

BABYZEICHENSPRACHE

Jetzt ist ein guter Zeitpunkt dafür, dich mit Babyzeichensprache zu befassen. Das ist ein ganz grandioses Konzept, um deinem Kind eine Kommunikationsform zu schenken, wenn ihm die Verwendung von Wörtern noch nicht so gut möglich ist. Du kannst Bücher und Onlinematerial nutzen oder an vielen Orten auch einen Kurs zum Thema belegen. Vermutlich wirst du ähnlich begeistert sein wie ich, als ich das erste Mal ein Baby dabei beobachten durfte, wie es sich dank der Zeichen mitteilen konnte. Fehlt einem Menschen die Möglichkeit, sich verständlich zu machen, ist das frustrierend. Gerade bei kleinen Kindern ist das oft zu beobachten: Wut, weil niemand kapiert, dass sie die Banane vom Küchentresen wollen und nicht den Apfel, den Becher, den Löffel, die Rassel … und auch wirklich nicht auf Mamas Arm!

Mit Babyzeichen wird dein Kind zufriedener. Das tut eurer Beziehung gut.

Was kannst du noch tun?

Um der Entwicklung deines Kindes in den Bereichen Denken und Wahrnehmung jetzt besonders gerecht zu werden, kannst du verschiedene Spielangebote machen:

- Lass dein Baby mit ganz vielen verschiedenen Sachen spielen. Auch jetzt musst du nicht ständig etwas Neues anschaffen: Ein Stück Teppich, Antirutsch-Badewanneneinlagen, Kartons mit rauer Oberfläche, Drahtkörbe, metallene Strohhalme, Flaschen, Dosen, Verpackungsmaterial, Küchenutensilien – so vieles, was du eh zu Hause hast, hat das Potenzial, dein Kind zu begeistern und ihm spannende Eindrücke zu schenken.

- Für die Tiefenwahrnehmung kannst du Verstecke und Höhlen bauen. Nutze große Kartons oder Kisten, aufgespannte Regenschirme, einen mit Decken behängten Wäscheständer. Experimentiere mit Licht und Schatten, indem du Löcher in Kartons schneidest, extra verdunkelst oder eine Lichterkette aufhängst. Eventuell musst du dein Kind aber eng begleiten, damit es ihm nicht zu spannend wird.
- Bastle außerdem flache Lochkartons, indem du Ausschnitte hineinschneidest, in die dein Kind etwas stecken oder aus denen es etwas herausziehen kann. Du wirst sehen, dass dein Baby Spaß daran hat, in die Tiefe zu greifen, Dinge zu verbergen, sich zu bücken und genauer hinzuschauen. Das geht übrigens für Liege- wie für Sitzkinder, du musst nur die Lage der Löcher entsprechend der Position des Kindes planen.
- Rede, singe, gestikuliere natürlich bis übermäßig mit deinem Kind und schenke ihm den Spaß an Worten und Melodien.

Und nimm unbedingt an, dass dein Kind ist, wie es ist: vielleicht stürmischer als andere, vielleicht ruhiger, vielleicht bewegungsfreudiger oder ganz gechillt. Dein Baby ist mit einem Temperament zur Welt gekommen, das es ausmacht und das auch seine Wahrnehmung und sein Spielen mit dir bestimmt. An seiner Art ist nichts schlechter oder besser als bei anderen. Nur die Begleitung kann möglicherweise herausfordernder sein. Rund um die Entwicklung der Gefühle erfährst du noch mehr dazu.

Bedenke auch beim Lernen deines Kindes, dass Ausprobieren, Scheitern, Pausieren und Versuchen dazugehören. Das ist kein Manko, das ist der Weg. (Übrigens auch deiner als Elternteil!) Diese Woche ist der Krabbeltunnel vielleicht gut, nächste Woche gruselig, aber nächsten Monat wieder ein Highlight.

intensiver & vielfältiger reagieren

Gefühle und Miteinander

Gefühle sind die Basis für so vieles in unserem Leben, sowohl bei Kindern als auch bei Erwachsenen. Sie sind da und verdienen es ernst genommen zu werden. Dein Baby muss sie erst noch alle spüren lernen sowie ab dem (Klein-)Kindalter erfahren und üben, wie man mit jedem einzelnen clever umgehen kann. Noch fehlt ihm eine ganze Weile die Reife, um Gefühle klar von anderem abzugrenzen: Sie sind jetzt riesig, oft bedrohlich und bestimmen sein Verhalten. Und zwar ohne dass böse Absichten dahinterstecken! (Ein Satz für die Pinnwand, falls dir jemand immer wieder etwas anderes einbläuen will.)

Was kann dein Baby schon?

Fremdeln

Die sogenannte Acht-Monats-Angst macht sich bei fast allen Babys bemerkbar. Mal früher, mal später. Mal kürzer, mal länger. Mal wenig, mal super intensiv. Um damit gut umzugehen, musst du wissen, was dahintersteckt, damit du nicht durch altbackene Tipps dazu verleitet wirst, falsch zu reagieren.

- Fremdeln ist das auffällige Unwohlsein eines Kindes in ungewohnten Situationen oder im Zusammensein mit ihm eher unbekannten Personen.
- Fremdeln zeigt, dass dein Baby jetzt reif genug ist, um Menschen und Stimmungen zu unterscheiden. Das ist ein toller Meilenstein! Mit dem Fremdeln sorgt es für seine eigene Sicherheit.
- Die Intensität des Fremdelns hängt oft davon ab, wie aufgeschlossen oder aber wie vorsichtig die Persönlichkeitsstruktur deines Kindes von Geburt an ist.
- **Fremdeln ist kein willentlicher Versuch eines Babys, seine Eltern zu manipulieren!** Beim Lesen merkst du wahrscheinlich schon, wie verrückt das klingt. Dennoch wird diese These immer

wieder angebracht, um Eltern dazu zu bewegen, die Beziehung zu ihrem Kind in diesen Momenten hart abzubrechen. Dem liegt eine lange Geschichte zu Grunde, die mit uralten Erziehungsmaximen zu tun hat. Für dich ist nur relevant, dass dein Kind noch viel zu unreif ist, um dich zu ärgern. Es zeigt schlichtweg seine Gefühle: Angst sowie den Wunsch nach Nähe und Sicherheit.

- Fremdelreaktionen haben manchmal, aber selten damit zu tun, dass eine Bezugsperson dem Kind mit übermäßiger Angst begegnet oder unangemessen forsch mit ihm umgeht. Hält dir jemand vor, deine Fürsorglichkeit sei einengend für das Kind, lass das gegebenenfalls von einer Fachperson einschätzen – aber in der Regel ist das nicht der Fall! Beziehungsorientierten Eltern begegnet der Vorwurf aber häufiger.
- Im Gegenteil: Eine gute Bindung kann dafür sorgen, dass dein Kind seine Fremdelgefühle leicht ungefiltert herauslassen kann. Wenn du dein Kind gut wahrnimmst, dann kannst du seine Fremdelzeichen besonders feinfühlig erkennen. Das heißt dein Baby fremdelt nicht stärker als andere, nur sichtbarer, freier!
- Starkes Fremdelverhalten, das manch einen geradezu von Trennungsangst (vielleicht einschließlich starker, körperlicher Reaktionen) sprechen lässt, hat manchmal einen Auslöser in heftigen Erfahrungen wie unbegleiteten Trennungssituationen, langwierigen beziehungsschädigenden Schlafprogrammen und emotionaler Gewalt. Wenn das auf dein Baby zuträfe, wüsstest du es sehr genau, und solltest dich entsprechend beraten lassen. Lass dich ansonsten nicht von Vorwürfen verunsichern.
- Fremdelreaktionen können auch nur starke Müdigkeit, großen Hunger, zu starke Lautstärke o. Ä. als Auslöser haben.
- Intensives Fremdeln kann bedeuten, dass dein Kind klammert, schreit und weint. Das alles ist zumeist unbedenklich.
- Fremdelreaktionen zeigen manche Kinder bis etwa zum zweiten Geburtstag, ohne dass dies den Eltern Sorgen machen muss.

Der wichtigste Hinweis für dich ist, dass Fremdeln nicht durch Abhärtung verschwindet. Würdest du ein fremdelndes Kind entgegen seiner Zeichen in einer Gruppe Menschen herumreichen, wäre das fatal. Nimm seine Gefühle an und ernst. Begleite seine Signale liebevoll. Vermeide in dieser Zeit stressige Situationen mit vielen Fremden oder besondere Herausforderungen wie beispielsweise Abstillen oder Ausqartieren aus dem Familienbett. Und weise andere darauf hin, dass sie sich deinem Kind momentan vorsichtig und maximal mit Blickkontakt nähern sollen. Ist jemand deswegen beleidigt, ist das wirklich nicht deine Schuld. Hier ist das Baby die Hauptperson, und *„Nein heißt Nein!“* gilt schon jetzt. So lernt dein Baby, dass es bei dir sicher ist. In den meisten Fällen geht das Fremdeln so nach wenigen anstrengenden Wochen vorbei.

BEVORZUGEN EINES ELTERNTEILS

Übrigens ist es normal, dass ein Kind in den ersten Lebensjahren immer wieder Phasen hat, in denen sein allerliebster Lieblingsmensch wechselt und es alle anderen eher ungern akzeptiert. Während des Fremdelns oder auch später kann es sein, dass es eine Zeit lang niemand anderen wünscht als ein bestimmtes Elternteil. Das kann sich für andere Bezugspersonen nach Ablehnung anfühlen, was ganz verständlich ist. Hier ist es das Wichtigste zu verstehen, dass dem Verhalten ein ganz starkes Bedürfnis nach Sicherheit zugrunde liegt und kein bewusstes Abkehren. Der Ansatz, das möglichst nicht persönlich zu nehmen, ist am besten für die weitere Eltern-Kind-Beziehung. Es tut dies für sich, nicht gegen jemanden.

Angst und Aufregung

Furcht kann sich auch in anderen Bereichen zeigen, verändert sich aber im Vergleich zu den ersten Lebensmonaten. Zeigte sie sich bislang eher als reflexartige, unklare Furcht, kannst du jetzt sehen, dass dein Baby diesbezüglich mehr durchdenkt und bewertet. Vielleicht ist es jetzt immer bange an der einen Tür, hinter der einmal ein Hund hervorgeschossen kam. Dein Baby nimmt seine Umgebung konkreter wahr und zeigt spezifischere Reaktionen. Daher können Ängste auch einen positiven, spielerischen Charakter haben, zum Beispiel beim Verstecken oder Kuckuckspielen. Dein Baby empfindet kurze Aufregung, durchschaut den Ablauf aber rasch, bewertet ihn spaßig und kann darüber lachen. Es wird dieses Spiel wahrscheinlich immer wieder extra herbeiführen – so wie du vielleicht gern einen Krimi liest oder ein aufregendes Sportereignis anschaust.

Neugier

Parallel zu möglicher Fremdenangst und anderen Momenten, in denen dein Kind unsicher ist und Nähe sucht, nimmt nun aber auch seine Neugier zu. Es will die Welt kennenlernen und erobern. Es spürt, dass es nicht allzeit an seiner Bezugsperson kleben muss und sogar eine andere Richtung einschlagen kann. Je nach Motorik gemächlich oder auch ziemlich rasch.

Jetzt machst du Bekanntschaft mit dem Wechselspiel, das euch lange begleiten wird: **Dein Baby braucht Wurzeln und Flügel.**

- Es braucht die Sicherheit, dass du immer da bist und es gut wahrnimmst.
- Und es braucht Raum, um die Welt zu entdecken, Dinge auszuprobieren und selbst zu entscheiden.

Das Zweite geht nicht gut ohne das Erste. Kennt dein Kind Sicherheit und Nähe, trägt es dieses Gefühl in sich und braucht nicht ständig die Bezugsperson an seiner Seite. Erinnere dich an den Begriff des Urvertrauens. Über die nächsten Jahre wird der mögliche Abstand immer größer werden und dein Kind wird aufgrund der inneren Sicherheit auch lernen, andere Menschen um Hilfe zu bitten, wenn du dann nicht greifbar bist. Ihr legt jetzt zusammen die Grundsteine dafür.

Wut

Wie bei der Furcht differenziert sich nun auch das Wutgefühl. Allgemeines Unbehagen verwandelt sich in klaren Ärger über ein Ding oder ein Geschehen: der Ball, der ständig so schnell wegrollt, das Krabbeln, das einfach nicht funktionieren will, oder Opas Taschentuch, mit dem die Nase geputzt werden soll … Wut, Wut, Wut! Dein Kind spürt Stress, vielleicht Hilflosigkeit oder Bedrängnis und fühlt sich ganz verzweifelt, weil die Realität anders ist als das, was sein Köpfchen sich ausgemalt hatte. Dabei ist es natürlich noch viel zu klein, um sich sagen zu können: *„Ja, okay, das halte ich jetzt mal kurz aus!“* oder *„Gleich darf ich ja wieder sagen, wo es langgeht.“* Daher muss und soll die Wut raus.

- Nimm das Gefühl ernst und lache dein Kind nicht aus.
- Wenn du die Situation auflösen kannst, mach das. Das ist keine Inkonsequenz. Wichtig ist, dass du dabei nicht kontinuierlich deine oder andere Grenzen übergehst.
- Biete deinem Kind Zugewandtheit an: Das kann bedeuten, dass du einfach bei ihm sitzt und aufpasst, dass es sich nicht wehtut in seiner Wut. Umarme es, streichle es oder singe etwas Beruhigendes, wenn es hilft.

Wut ist erfahrungsgemäß etwa zwischen dem zweiten und vierten Geburtstag ein beherrschendes Thema. Je nach Temperament und Regulationsstärke bekommst du schon jetzt einen Vorgeschmack darauf. Versuche, das nicht als Last zu sehen. Wut ist eine Entwicklungsaufgabe wie frei laufen oder lesen zu lernen. Jetzt hilft vor allem Nähe, später kommen weitere Strategien hinzu.

Traurigkeit

Neu ist auch ein klares Gefühl von Traurigkeit, zum Beispiel wenn dein Baby etwas verliert: Fällt das Knisterbuch aus dem Kinderwagen oder der Löffel weit unter den Tisch und gehst du aus seinem Blickfeld, kann das dein Baby traurig stimmen. Verlust nimmt es intensiver wahr. Es weiß zwar jetzt, dass Gegenstände und Personen noch da sind, wenn es sie nicht mehr sieht, aber es spürt auch umso stärker das Unglück darüber, wenn Geliebtes nicht bei ihm bleibt.

Je nach Temperament und Regulationsfähigkeit beruhigt sich dein Kind schnell oder nicht so schnell. Manchen Babys reicht ein Späßchen zur Ablenkung, andere brauchen Nähe, um sich zu beruhigen, und wieder andere benötigen ganz schön viel Zeit, um die Traurigkeit herauszulassen und sie abschütteln zu können. Alle benötigen eine zugewandte Begleitung. Ihr Gefühl ist real, egal wie klein der Anlass erscheint. Und sie regulieren sich durch Nähe.

Miteinander

Eure Interaktion landet jetzt auf einer neuen Ebene. Gefühlsansteckung ist das Schlüsselwort: Dein Baby kann deine, aber auch die Gefühle anderer Menschen in eurer Nähe nun gut wahrnehmen, sich aber schlecht abgrenzen. Bist du wütend, reagiert es häufig auch ungehalten. Ist ein anderes Kind traurig, weint dein Baby oft mit. Lacht jemand lauthals, ist auch dein Kind gut drauf. Manchmal reichen schon eindeutige Gesichtsausdrücke, damit ein Baby im zweiten Lebenshalbjahr sich von einem aus der Mimik ablesbaren Gefühl anstecken lässt. Das kann schön sein, oder anstrengend, aber vor allem ist es ein weiteres Reifezeichen deines Kindes. Es fühlt mit.

LEICHTE ÜBERFORDERUNG BEIM FÜHLEN

Die Fähigkeit, die deinem Baby jetzt und noch eine ganze Weile fehlt, ist die der Abgrenzung: Erst im Alter von sechs bis acht Jahren können Kindern sich selbst sagen, dass die Gefühle der anderen unter Umständen nichts mit ihnen zu tun haben. Dann fühlen sie nicht mehr so intensiv mit und fühlen sich nicht mitschuldig oder ursächlich für die Gefühle anderer. Das ist aktuell noch sehr verwirrend für dein Baby und darum braucht es deine enge Begleitung.

Schlaf

Die oft rasante motorische Entwicklung in diesem dritten Vierteljahr, von der du im nächsten Kapitel noch mehr lesen wirst, kann leider zu deutlich unruhigeren Nächten führen. Viele Eltern leiden jetzt darunter, dass sich ein vielleicht schon ganz guter Rhythmus für die Nächte nun verabschiedet und ihr Kind häufiger und länger wach ist. Das ist in der Regel kein Anzeichen dafür, dass du etwas falsch machst oder dein Kind jetzt Erziehung im Schlafzimmer benötigt!

- Die veränderte Motorik sorgt dafür, dass der Körper eines Babys, das nachts von einer in die andere Schlafphase wechselt, in diesen Momenten anfängt, zu zeigen, was er kann: drehen, rocken, krabbeln. Sorge daher für einen Schlafplatz, an dem dein Kind sicher ist, rechne mit Unruhe, und hilf ihm gegebenenfalls dabei, wieder in die Entspannung zu finden. Das kann manchmal nur dein Arm schaffen, der das Baby liebevoll aber bestimmt hält.
- Die geistige Reifung bringt mit sich, dass dein Kind mehr Eindrücke aufnimmt und verarbeiten muss, was insbesondere nachts geschieht und für Unruhe sorgt.
- Die notwendige Ruhezeit von Kindern in diesem Alter weicht stark voneinander ab: Manche Kinder schlafen immer noch 17 Stunden

über den Tag verteilt, andere nur 9! Das kann natürlich sehr kurze Nächte bedeuten.

- Die einzelnen Schlafphasen dauern immer noch 50–60 Minuten, und wenn dein Kind einige Wechsel davon noch nicht allein schafft, ist das ganz typisch und nicht leicht veränderbar. Freu dich, dass es wahrscheinlich doch einige Phasenübergänge durchaus schon allein meistert.
- Das Schlafverhalten ist noch immer evolutionär erklärbar: Dein Baby sichert sich ab. Es harmoniert nur weiterhin und vielleicht jetzt noch mal verstärkt nicht mit dem, was wir uns wünschen (Lange! Am Stück! Früh einschlafen!) oder was die Welt fordert (*„Der Wecker geht um halb sieben! Mein Tag war schon so lang!“*).
- Um zu wachsen braucht dein Kind Nahrung und vielfach auch noch nachts. Dafür kann niemand etwas, am wenigsten dein Baby.

Denke daran, dass du alle Einschlafassoziationen, also alles, was deinem Baby hilft, den Tag loszulassen, wieder abgewöhnen kannst, wenn sie nicht mehr für euch passen. Also nutze ruhig alles, was jetzt eine Stütze ist.

Verunsichert dich jemand hinsichtlich der Nähe, die du deinem Kind zum Schlafen gibst, um es sicher durch die Nacht zu begleiten? Dann denke an das Buffetbild von Nora Imlau und Herbert Renz-Polster aus dem Buch „Schlaf gut, Baby“: Je mehr angeboten wird, desto ruhiger stehen wir vor dem Buffet, weil wir uns nicht sorgen müssen, dass für uns nichts übrigbleibt, und wenn wir satt sind, lassen wir das Buffet gerne eine Weile links liegen. So ist es auch mit der elterlichen Nähe: Wenn dein Baby viel davon angeboten bekommt, muss es sich nicht ängstigen und um jedes Stückchen kämpfen. Wenn es ausreichend Nähe und Sicherheit bekommen hat, wird es dir das zeigen und mit mehr Abstand immer selbständiger zurechtkommen.

SCHLAFPROGRAMME

Ich bitte dich nochmals: Entscheide dich für Beziehung! Erziehung gehört nicht ins Kinderbett, denn Schlafen hat mit Reife und Vertrauen zu tun. Ein Kind, das noch nicht laufen kann, würdest du auch nicht hinstellen, loslassen und erwarten, dass es dann aber klappt. Genauso ist es mit dem (Durch-)Schlafen: Dein Kind braucht Begleitung, bis das allein funktioniert.

Das heißt nicht, dass du eine Schlafsituation tatenlos hinnehmen musst, aber entscheide dich bei der Suche nach den richtigen Hilfsmitteln für eine Beratung, die dich nah bei deinem Kind bleiben lässt. Auf Grund der Vielzahl von Faktoren, die mitbestimmen, wie gut ein Kind schläft, ist klar, dass schnelle Heilsversprechen Unsinn sind. Schlafprogramme, die dir eine umgehende Veränderung versprechen, sind nicht nur fragwürdig, sondern in der Regel auch geprägt von einer bewussten Abwendung von den Nöten deines Kindes. Stattdessen muss man die Bedürfnisse beider Seiten sehen und Schritt für Schritt miteinander verbinden.

Hast du schon die auf Seite 96 verlinkten Videos angeschaut?

Was kannst du noch tun?

Du merkst, die Bedürfnisse deines Babys werden herausfordernder. Trotzdem musst du noch immer nicht perfekt sein und alles sofort verstehen und richtig beantworten. Deine Aufgabe als Elternteil rund um die Entwicklung der Gefühlswelt deines Kindes besteht vor allem aus:

Feinfühligkeit: Du bemühst dich, deinem Baby zuzuhören und in Kontakt mit ihm zu bleiben, um zu erkennen, was es von dir braucht. Hast du das Gefühl, du kannst ihm mal nicht richtig gut helfen, bist du einfach da. Das reicht dann aus.

Bindungssicherheit: Dein Baby sollte mit inneren Sätzen wie *„Ich bin nicht allein“*, *„Ich kann was“* und *„Die Welt ist gut zu mir“* aufwachsen. Wenn du dich feinfühlig zeigst, wie oben beschrieben, dein Baby kuschelst oder auf den Arm nimmst oder aber es die Welt frei entdecken lässt, wenn es das lieber möchte, gibst du ihm genau diese Sicherheit mit.

Begleitung auf der Gefühlsebene: Dein Baby braucht dich als Regulationshilfe für seine Gefühle. Für einige Kinder gilt das mehr als für andere. Du nimmst sein Gefühl wahr (*„Du bist traurig.“*, *„Du bist ängstlich.“*, *„Du bist aufgeregt.“*) und zeigst ihm, wie man gut damit umgeht (trauern und getröstet werden, schrittweise mit Angst umgehen, gemeinsam entspannen gegen Aufregung usw.). Auch dein Umgang mit Gefühlen ganz losgelöst von deinem Baby ist vorbildhaft und unterstützt bestenfalls sein Reifen.

Begleitung im Umgang mit anderen Menschen: Dein Baby bekommt von dir die notwendige Hilfe, anderen Menschen sicher begegnen zu können: indem ihr Abstand haltet oder du es ermutigst und ihm Zutrauen entgegenbringst, vielleicht auch mit Erklärungen für euer Gegenüber – mit allem, was nötig ist.

Im Alltag heißt das, du kannst deinem Kind viel Nähe anbieten durchs Tragen, wenn es möchte, durch Erzählen (Es versteht schon mehr als du denkst, und wenn es nur dein zugewandter Tonfall ist.) und durch Zeigen, zum Beispiel auch schon, wenn ihr gemeinsam Bücher anschaut. Du kannst ihm Raum geben, die Welt zu erkunden, indem ihr überschaubare Orte aufsucht, an denen es auf Entdeckungsreise gehen und anderen Menschen begegnen kann. Bei allem solltest du es ernst nehmen: Jedes gezeigte Gefühl ist wirklich da und ist keine Manipulation.

Im Babyjahr haben Nähe und Freiheit noch besonders viel mit dem Körper zu tun. Haut an Haut bedeutet wunderbare Nähe. Vielleicht könnt ihr zusammen duschen oder baden, du kannst dein Kind massieren oder liebevoll kitzeln, auf seinen Bauch pusten oder es in deinen Haaren fummeln lassen. Wann immer es möglich ist, gib ihm Zeit ohne oder nur mit leichter Kleidung. So kann es sich besser Berührungen abholen, aber sich auch leichter bewegen, seinen Körper und die Umwelt spüren und alle seine motorischen Fähigkeiten ausprobieren und verfeinern.

nach vorne – und hoch?

Bewegen und Entdecken

Zu Beginn des zweiten Lebenshalbjahres unterscheiden sich Babys oft besonders stark in der motorischen Entwicklung. Die Spanne dessen, was als „normal“ gilt, ist riesig, und wenn du jetzt ein gemütliches Baby hast, sagt das nichts darüber aus, wann es laufen wird oder ob es später Spaß an Sport hat. Lass dich nicht verunsichern und dir nicht durch Vergleiche Druck machen.

Was kann dein Baby schon?

Krabbeln? In Vorbereitung! Wahrscheinlich wirst du langsam sehen, dass dein Baby sich aufs Krabbeln vorbereitet. Das bedeutet nicht, dass es schon auf alle Viere gehen muss. Krabbeln fängt ganz anders an: Wenn dein Kind auf dem Rücken liegt, kann es jetzt mit den Händen ganz sicher seine Mitte finden und sogar darüber hinweggreifen. Es kann auch seine Füße berühren und damit spielen, sie oft sogar in seinen Mund stecken. Das sind Zeichen seiner kräftigeren Muskeln, seiner wachsenden Hüftbeweglichkeit und der Tatsache, dass es seine Gliedmaßen jetzt bewusst ansteuern kann. Da alles sind Voraussetzung fürs spätere Krabbeln.

FÜSSE ENTDECKEN

Um für dein Baby für extra Spaß zu sorgen, wenn es ohnehin gerade neugierig auf seine Füße ist, kannst du ihm Socken locker anziehen, die es abziehen darf. Mache ihm eine Armrassel an den Knöchel oder streife Plastikbecher über die Füßchen. Wenn du ein Glöckchen fest an eine Socke nähst, hat dein Kind nicht nur Freude bei dem Versuch, da heranzukommen, sondern auch, wenn es nur mit den Füßen – in Bauch- oder Rückenlage – auf den Boden klopft. Alles zusammen tut seiner Motorik und nicht zuletzt seiner Laune gut.

Manche Babys schaffen tatsächlich schon mit sechs Monaten den Dreh, nicht nur in Rückenlage die eigentliche Krabbelposition mit zur Decke gereckten Armen und Beinen einzunehmen, sondern wirklich andersherum – und dann auch durchzustarten. Die meisten brauchen aber länger und müssen viel herumprobieren, sodass sie vielleicht erst im Alter von zehn Monaten den ersten zaghaften Krabbelschritt schaffen. Und wieder andere lassen das Krabbeln tatsächlich ganz aus. Sie, und auch diejenigen, die es erst später schaffen, befassen sich eher mit Drehen, Robben und Rocken. Vielleicht liegt dein Kind aber noch etwas länger gern auf dem Rücken oder dann auf dem Bauch. Das hängt oft mit der Statur zusammen. Einige Babys haben es schwerer als andere, ihren Körper in Bewegung und in die Höhe zu bekommen. Das ist einfach Veranlagung. Tatsächliche körperliche Probleme würden die Vorsorgeuntersuchungen wahrscheinlich ans Licht bringen. Die meisten der „bequemeren“ Kinder brauchen Zeit, machen eben nur ganz kleine Fortschritte und legen mehr Wert auf Gucken, Wahrnehmen, (Be-)Fühlen.

JETZT SCHON ZU DICK?

An diesem Punkt sorgen sich viele Eltern wegen „auffallend viel Babyspeck". Ernährst du dein Kind aber ganz normal nach den gängigen Vorgaben (und nicht mit Eiscreme und Erdnussbutter), kannst du sehr sicher sein, dass sich alles einpendeln wird, sobald es motorisch die nächsten Entwicklungsschritte macht.

Drehen

Dank stärkerer Muskeln und besserer Koordination kann dein Baby sich nun bald gut vom Rücken auf den Bauch drehen, um besser zu gucken, zu spielen und dann auch voranzukommen. Interessantes Spielzeug und im Grunde natürlich auch alles, was eigentlich nicht als Spielzeug gedacht ist, motiviert sehr. Das kannst du nutzen, um dein Kind über die Seite ins Drehen zu locken. Bekommt dein Baby nach der Drehung den Arm, über den es sich gewendet hat, nicht unter seinem Brustkorb heraus, kannst du es unterstützen, das bald allein zu schaffen. Es muss seinen Arm dafür gut wahrnehmen, also streichle an der entsprechenden Schulter. Hilf nur noch stärker mit und ziehe den Am behutsam unter dem Brustkorb hervor, wenn es anfangs ganz daran verzweifelt.

Das Drehen an sich kannst du auch in euer Spielen einbauen. Dazu musst du dich erinnern, wie die Körperhaltung beim Drehen ist: Ein Bein bleibt lang und darüber dreht es sich. Das andere wird angezogen und bringt den nötigen Schwung mit. Versuche es ruhig mal selbst, damit du weißt, wie es geht, und deinem Baby im Miteinander spielerisch Unterstützung geben kannst, beispielsweise indem du ihm hilfst, das Schwungbein vorsichtig anzuwinkeln. Das ist aber wirklich nur ein Spiel und nicht zwingend notwendig, damit dein Kind diesen

Bewegungsablauf lernt. Er kommt von allein, wenn Hüfte und Muskeln endlich perfekt zusammenspielen.

Robben

Endlich allein die Dinge zu erreichen, die es faszinieren, ist ein großer Schritt für dein Baby. Es sieht etwas und möchte sich mit all seiner Kraft seehundgleich dorthin schieben – leider gehorcht der Körper da anfangs nicht immer sofort, denn oft geschieht das erste Schieben rück- statt vorwärts. Frustrierend! Du darfst spielerisch unterstützen und ihm deine Hände anbieten, um sich abzustoßen: Drücke deine Handinnenflächen gegen seine Füße oder biete ihm dein Bein zum Abstoßen an, wenn du hinter ihm sitzt.

Aber ein bisschen Frust gehört auch zum Lernen dazu. Leg dich immer wieder daneben und sei einfach zugewandt da. Stopperkleidung an Knien oder Füßen oder mal ein anderer Bodenbelag können für kleine Erfolgserlebnisse sorgen, ein Brett als schiefe Ebene mit leichtem Gefälle auch. (Überziehe ein Holzbrett mit Wachstuch und lege auf einer Seite einen flachen Karton oder ein Kissen darunter.).

Klappt es endlich zuverlässig vorwärts, sind bald auch Hindernisse eher eine willkommene Herausforderung als ein Ärgernis. Wenn du dein Baby beobachtest, wie es sich über Kartons, Kissen und Kanten zieht, kannst du nach und nach auch sein stufenweises Aufrichten mitverfolgen, weil es anfangs noch platt darüber rutscht, aber bald mit empor gedrücktem Bauch und Oberkörper.

Manche Babys robben übrigens nicht auf dem Bauch, sondern auf dem Rücken! Das ist ein ganz besonderer Anblick: Mit Bauch- und Nackenmuskeln wie ein Profisportler halten sie den Kopf hoch, fixieren ihr Ziel und schieben sich mit Po und Füßen über den Boden. Jeder wie er oder sie kann! Daran ist nichts bedenklich.

VORANKOMMEN

Merkst du, dass dein Kind langsam vom Fleck kommen mag, kannst du es dabei nicht nur durch passende Kleidung und Dabeisein unterstützen, sondern auch durch anregendes Spielzeug: Würfel sind eine gute Idee, weil sie sich bewegen, aber nicht zu schnell. Auch langsame Fahrzeuge können helfen. Bälle dürfen später dazu kommen. Sind sie aus Stoff und mit schwerer Füllung oder etwas platt, rollen sie deinem Kind ebenfalls nicht zu schnell weg.

Habt ihr schon einen Krabbeltunnel? Der funktioniert auch wunderbar als Robb-Röhre, wenn dein Baby sich traut. Lock von der anderen Seite oder füll den Tunnel mit spannenden Materialien. Vielleicht ist dein Kind dann plötzlich unerwartet schnell bei der Sache. Hast du den Eindruck, der Tunnel ist deinem Baby zu unheimlich, zu lang, zu dunkel, kannst du eine runde, transparente, textile Wäschetonne umfunktionieren, indem du den Boden rausschneidest. Sie ist kürzer und weniger beängstigend, weil sie leicht durchsichtig ist.

Rocken

Rocken? Was soll das denn sein? Sobald dein Baby das tut, wirst du es sofort verstehen: In der „Rocking Position" ist dein Baby endlich im Vierfüßlerstand angekommen und stützt sich auf den Händen und den Unterschenkeln ab, kommt jedoch noch nicht voran. Stattdessen wippt es hin und her, rockt also, für ein besseres Balancegefühl. Die „urban legend" sagt *„1000 mal rocken, dann geht es vorwärts!"* und das dürfte ungefähr hinkommen. Außer einem guten Gleichgewichtsgefühl benötigt dein Baby dafür Kraft in den Gliedmaßen, im Bauch, den Schultern und im Nacken. Auch da kannst du spielerisch helfen.

- Vor allem musst du weiterhin dafür sorgen, dass dein Baby oft die Chance dazu hat, sich frei am Boden zu bewegen – ohne einengende Kleidung, außerhalb von Autositz und Kinderwagen.

- Stütz dein Kind mit einem Stillkissen oder deinem Oberschenkel unter dem Bauch und lass es mit etwas Spannendem spielen, dann kann sich der kleine Körper ganz auf die Schulter- und Nackenmuskulatur konzentrieren.
- Nimm dein Baby in der Position über deine Schulter und lass es dort „fliegen", vielleicht mit einem großen Spiegel vor euch, sodass ihm die Haltung richtig viel Spaß macht. Du hältst und stützt es dabei mit einer Hand am Po und mit der anderen vor der Brust. Wie kommt es überhaupt erst da hoch? Leg es vor dich, auf dem Rücken mit dem Kopf zu dir, während du am Boden sitzt. Fass links und rechts um seine Schultern herum, sodass deine Daumen auf den Schlüsselbeinen liegen und die restlichen Finger auf den Schulterblättern. Dann dreh es hoch auf deine Schulter, sodass sein Kopf neben deinem in die Welt guckt, und steh langsam auf, wenn du dich sicher fühlst.
- Bau aus einem Brett und zwei Kartons eine kleine Brücke, unter der etwas liegt, das dein Baby neugierig macht (gern auch ein Spiegel mit Spielzeug darauf), sodass es von dort oben platt auf dem Bauch liegend nach unten greifen und spielen kann. Das stärkt seine Schulter- und Nackenmuskulatur. Halte dabei gegebenenfalls eine Hand auf seinem Po, damit es nicht übermütig hinunterstürzt.

Manche Kinder finden nicht direkt in den Vierfüßlerstand, also auf Hände und Unterschenkel, sondern bewegen sich geradezu akrobatisch. Sie heben den Bauch vom Boden ab und halten sich wackelig auf Händen und Füßen mit durchgestreckten Beinen. Auch das ist eine ganz unbedenkliche Möglichkeit, die Muskeln zu trainieren. Sobald dein Baby verstanden hat, dass es die Beine durchdrücken kann und das Halten auf den Unterschenkeln stabiler ist als nur auf den Füßen, wird es sicher auch rasch mit dem Rocken starten.

Krabbeln

Das Ergebnis all dieser motorischen Schritte ist schließlich ein Kind, das krabbeln kann. In den ersten Momenten siehst du, dass es eine Hand nach vorn schiebt und ein Knie heranzieht, und dann wird es immer geschickter und bald fast zu schnell für dich. Denn viele Kinder perfektionieren das Krabbeln zu einem echten Sprintmuster. Die meisten schaffen das bis zum Ende des dritten Vierteljahres, aber auch hier gibt es noch einige Spätzünder*innen, ohne dass dies in der Regel bedenklich ist. Manche Babys lassen das Krabbeln sogar aus, rutschen lieber nur aufgerichtet auf den Knien, damit sie die Hände frei haben, oder richten sich vom Robben direkt auf und beginnen zu laufen.

Aufrichten und Sitzen

Viele Eltern warten sehnsüchtig darauf, dass ihr Baby endlich sitzen kann. Oftmals ist damit die Hoffnung verknüpft, dass es dann zufriedener sein wird (beim Spielen am Boden, im Hochstuhl am Tisch, im Autositz) und dass wir Großen es etwas einfacher haben, wenn wir unser Kind mal kurz irgendwo absetzen können, ohne dass es platt auf dem Boden liegen muss. Die gute Nachricht ist, dass die Hoffnung oft gerechtfertigt ist. Sitzen zu können ist eine tolle Errungenschaft, die tatsächlich zufriedener machen kann. Dein Baby nimmt die Welt anders wahr, und das nicht nur auf Grund der veränderten Position, sondern weil es zeitlich geistig auch einen Schritt nach vorn macht. Es weiß zum Beispiel endlich durchgängig, dass Gegenstände und Personen immer da sind, auch wenn sie aus dem Sichtfeld verschwinden. Im Zusammenspiel aus Motorik und Gehirnreifung verbessert sich auch die Wahrnehmung von Tiefe, also der dritten Dimension, sodass Höhlen, Treppen oder Kisten mit herausnehmbarem Inhalt spannender sind und immer besser bewältigt werden können.

KEINE UNGEDULD BEIM SITZEN

Aufpassen musst du aber, dass du dich von der Hoffnung auf Alltagserleichterung nicht dazu verleiten lässt, dein Baby zu früh aufzusetzen. Das Sitzenkönnen benötigt Zeit und Übung, damit die Muskeln dein Kind gut halten. Die meisten Kinder setzen sich über die Seite hin. Das heißt sie liegen seitlich, stützen sich mit einem Arm ab und richten sich nach und nach immer mehr auf, bis sie die stützende Hand schließlich wegnehmen können. Beine und Rücken sind dann gerade und stabilisieren die Position. Manche setzen sich auch aus dem Vierfüßlerstand oder aus dem Krabbeln hin, indem sie ihren Po immer weiter nach hinten schieben und dann in der Position nach und nach die Hände vom Boden lösen sowie Beine und Rücken durchdrücken. Bei beidem musst du nicht helfen, nur wieder für ausreichend Bewegungsraum und -zeit sorgen. Zusätzlich kannst du aber aufpassen, dass dein Baby kleine, nicht zu harte Kanten findet, an denen es sich weiter aufrichten kann, beispielsweise flache Kartons oder weiche Matten und Polster.

Groß ist die Versuchung, auf dem Rücken liegende Babys ins Sitzen hochzuziehen. Um festzustellen, ob die Muskeln deines Kindes dieses Spiel schon gut mitmachen können, biete deinem Kind deine Finger an. Ergreift es sie, aber lässt die Arme lang, würdest du es allein mit deiner Kraft ins Sitzen hochziehen und besonders die Ellbogen stressen. Winkelt dein Kind dabei hingegen die Arme an, nutzt es seine eigene Oberarm- und Bauchmuskulatur zum Aufrichten. Dann kannst du dieses Spiel – aufrichten und wieder hinsinken – ausgiebig mit ihm machen.

Solange es sich noch nicht selbst hinsetzt, solltest auch du darauf verzichten, das von dir aus zu tun; selbst wenn es verlockend wäre, zum Beispiel beim Anziehen des Jäckchens oder Pullovers. Staffiert man ein Baby mit Kissen und ähnlichem aus, um es scheinbar gestützt hinzusetzen, wenn es das selbst noch nicht kann, fehlt den entsprechenden Rückenmuskeln noch die Kraft, die Wirbelsäule stabil zu halten, sodass sie ungut gestaucht wird. Angelehnt darf dein Baby aber sitzen, zum Beispiel auf deinem Schoß oder in einem altersgerechten Sitz. Auch hier gilt wieder: nicht zu lange und immer wieder die Position wechseln.

Einige Kinder üben das Sitzen im dritten Vierteljahr immer mal wieder, aber lassen es dann nochmal, wenn die Muskulatur noch nicht so weit ist. Wundere dich nicht. Solche Pausen sind bei allen Entwicklungsschritten möglich.

KINDERWAGEN UND AUTOSITZ AUSTAUSCHEN

In der Zeit, in der ein Baby sitzen übt, taucht bei den Eltern meist die Frage auf, ob sie von der Babyschale am Kinderwagen zum Buggyaufsatz wechseln und ob sie den nächsten Autositz kaufen sollten, denn das Kind ist ja auch ganz schön gewachsen! Auch hier gilt wieder der Rat, nicht ungeduldig zu werden. Beides lieber etwas länger als zu kurz zu nutzen, hat keinen nachteiligen Effekt.

Die Babyschale des Kinderwagens kannst du für unterwegs nochmal interessanter gestalten, wenn du dein rockendes Baby in Bauchlage hineinlegst, sodass es unter Umständen mal ein Stück im Vierfüßlerstand fahren und so besser in die Welt schauen kann. Den Buggyaufsatz kannst du ausprobieren, wenn er gute, gepolsterte Gurte hat und sich schräg stellen lässt, sodass dein Kind wirklich angelehnt liegt und nicht zusammengesunken „sitzt".

Die Babyschale fürs Auto oder das Lastenrad kannst du weiterverwenden, wenn nur die Füße unten herausgewachsen sind. Wichtig ist, dass Kopf und Schultern oben noch gut hineinpassen. Dann machst du nichts falsch. Ändert sich dies, achte beim Nachfolgerprodukt darauf, dass dank verstellbarer Rückenlehne ein angelehntes Sitzen möglich ist. Eine gute Vor-Ort-Beratung ist Gold wert.

Stehen

Vielleicht zieht dein Baby sich jetzt nicht (nur) zum Sitzen hoch, sondern greift auch schon eine Etage höher und schafft es ins Stehen, während es sich irgendwo festhält. Das hängt wieder von der Muskulatur und er Kontrolle über den eigenen Körper ab.

Manche Kinder schaffen das zwar, aber fallen dann schnell recht unkontrolliert um. Das gehört im Grunde zum Lernprozess dazu. Ärgere dich nicht, wenn du nicht jeden Unfall verhindern kannst. Das geht allen Eltern so. Mache die Übungsplätze einfach so sicher wie möglich und tröste beim Sturz. Je früher ein Kind motorisch fit ist, desto eher geschehen kleine Unglücke, weil der Kopf noch nicht ganz dabei nachkommt, zu begreifen, was geschieht.

Die Muskelstärkung unterstützen kannst du auch immer, indem du dein Baby hältst, am besten unter den Achseln, und es stehen und hopsen lässt. Um sich gut aufrichten zu können, sucht dein Baby sich vermutlich aber bald allein alles, was in seiner Nähe ist: den Wohnzimmertisch, eine niedrige Fensterbank, die Streben und die Sitzfläche eines Stuhls. Dafür musst du nicht extra etwas anschaffen. Steht vielleicht Weihnachten bevor oder noch Geschenke aus Patenschaften aus, kannst du dir für dein Kind jedoch zum Beispiel eine kleine Bank, einen niedrigen Balancierbalken, eine Theke vom Kaufmannsladen, eine dicke Hüpfmatte oder einen Anhänger für ein Kinderfahrzeug wünschen. All das kann jetzt anregend zum Hochziehen sein und wird auch später noch jahrelang Verwendung für andere Zwecke finden.

Selbst basteln kannst du beispielsweise eine Kartontreppe oder ein „Gebirge“ aus einem mit weichen Bällen oder stabilen Ballons gefüllten Bettbezug. Unterschiedliche Untergründe – weich und instabil oder hart und klar – aktivieren die Tiefensensibilität und die Körperspannung.

Hände

Während der ganze Körper, also die Grobmotorik, starke Fortschritte zeigt, tut sich auch im Bereich der Feinmotorik deines Kindes wieder viel:

- Dein Kind kann seine Hände zusammenführen und miteinander nutzen. Es kann Gegenstände von einer zur anderen Hand wechseln oder jeweils einen greifen und halten.
- Es greift, oft im Drehvorgang, über seine Körpermitte auf die andere Körperseite.
- Es nutzt häufig einzelne Finger anstatt der ganzen Hand und kann dann nicht nur zupacken, sondern erst zufällig und dann auch gezielt loslassen.
- Dein Baby kann Dinge in seiner Hand bewegen und nutzt auch die verschiedenen Möglichkeiten des Handgelenks.
- Im Liegen oder Sitzen werden Nachziehtiere und Schnüre spannend und gerne genutzt.
- Im Liegen nutzt es die Arme nicht mehr zum Stützen, sondern spielt frei und greift auch Gegenstände, die etwas erhöht über ihm stehen.

Ab einem Alter von acht Monaten kann die Handmotorik sich verfeinern, weg vom Scherengriff hin zum **Pinzettengriff,** bei dem nicht mehr Daumen und alle anderen Finger kombiniert werden, sondern nur Daumen und Zeigefinger. Mit den obersten Fingergelenken und ganz geraden, eher steifen Fingern kann dein Baby zielgenauer auch sehr kleine Dinge fassen. Meist bemerkst du es zuerst, weil dein Kind Krümel und Fussel aufsammelt und begeistert präsentiert. Bei manchen Kindern verfeinert sich die Handmotorik erst im zweiten Lebensjahr so, dass der Pinzettengriff gelingt. Auch das ist im normalen Rahmen.

SPASS FÜR DIE HÄNDE

Die Veränderung der manuellen Fähigkeiten siehst du beim alltäglichen Spielen, aber beispielsweise auch, wenn du dein Baby in Bauchlage auf einen Wasserball legst. Als Säugling ließ es eher seine Fäustchen nach unten hängen. Nun stützt es sich gezielt ab oder greift nach etwas und setzt die Finger eher einzeln ein – und auch die Füße arbeiten aktiver mit, denn sie sind immer noch ähnlich wichtig und sensibel wie die Hände.

Um dein Baby anzuregen, seine Finger- oder teilweise auch Zehmotorik spielerisch einzusetzen, kannst du ihm (Kunsttsoff-)Ketten, Ringe, Bänder, Löffel und andere Kochwerkzeuge, Bauklötze oder auch Backpapier anbieten. (Backpapier hält Babyspeichel länger stand als anderes). Vielleicht mag es auch mit dir Gegenstände ein-, aus- oder abräumen, und ganz sicher hat es Spaß daran, immer wieder etwas fallenzulassen.

Was kannst du noch tun?

Du hast schon viele Ideen für das motorische Spielen mitbekommen, für die man gar nicht zu viel anschaffen und spezielles Spielzeug suchen muss. Und du kannst noch mehr tun – und zwar indem du verschiedene Dinge einfach unterlässt:

Nicht gleich eingreifen! Hilf deinem Baby nicht sofort, wenn es nicht weiterkommt. Halte seinen Frust aus, rede ihm gut zu, locke es, streichle seine Wange, begleite, bis es ihm wirklich eindeutig zu viel wird.

Nicht ständig animieren! Nutze die Kraft der Selbstmotivation, die jedem Baby innewohnt: Wenn es Gelegenheit und Zeit bekommt, wird es sich ausprobieren und in kleinen oder großen Schritten vorankommen. Es braucht keine ständige Animation.

Nicht zu schicke Kleidung wählen! „Coole" Kleidung ist oftmals nicht gerade bewegungsfreundlich. Gerade jetzt wären vor allem Kleidchen und Röcke unpraktisch. Zieh deinem Kind möglichst wenig an, so wie es die Temperaturen zulassen, denn umso besser kann es sich bewegen. Nackt oder zumindest nur mit einem leichten Windelhöschen ist es sogar am allerbesten.

Nicht immer allein am Boden lassen! Sorg dafür, dass es getragen, gefahren, geschaukelt wird, aber immer auch viel Gelegenheit hat, sich frei am Boden zu bewegen. Und lass es dabei nicht immer allein. Liegst oder sitzt du bei ihm unten, wird es sich wohler fühlen, als wenn du und mögliche Gäste ständig höher sitzen oder stehen.

Alles ist Spiel! Spielen ist jetzt und noch lange das Mittel deines Kindes, die Welt kennenzulernen, Erlebtes einzuordnen, sich selbst auszuprobieren und mit anderen in Beziehung zu gehen. Dabei ist im Grunde noch alles Spiel, egal ob du Altpapier sortierst, ihm einen Ball hin kullerst oder es im Kinderwagen durch den Drogeriemarkt fährst. Es spielt ganz nach seinen Bedürfnissen. Wann immer du dir Zeit nehmen kannst, es auch in Alltägliches einzubeziehen und sich dabei ausprobieren zu lassen, tut das seiner Entwicklung und eurem Miteinander gut. Und wenn dir Zeit und Kraft dafür fehlen und dein Baby das mit Gemecker quittiert, ist das auch kein Grund für ein schlechtes Gewissen. Es darf deine Bedürfnisse und Nöte spüren und es darf seinen Unmut darüber äußern. Beziehungsorientiert Eltern zu sein bedeutet dann nur, ihm in solchen Situationen möglichst häufig sehr zugewandt zu begegnen, anstatt sein Verhalten entnervt und distanziert zu kommentieren.

Magst du jetzt endlich gemeinsam einen Kurs besuchen? Entweder, weil dein Baby zunehmend neugierig ist, oder aber, weil du Lust auf Abwechslung hast? Dann schau in eurer beider Sinn darauf, dass der Kurs Angebote enthält und keine Zwänge. Hol dein Kind da ab, wo es steht, und achte seine Bedürfnisse und auch schlicht seine Tagesform. Ein gemütliches Kind muss nicht immer wieder aufgestellt werden und ein müdes Kind muss nicht wachgehalten werden. Druck von außen spürt ihr sicher noch früh genug. Natürlich solltet ihr niemanden unhöflich vor den Kopf stoßen, der oder die emsig ein tolles Kursprogramm ausgearbeitet hat, aber respektvoll kannst du immer sagen, wenn etwas für euch nicht passt.

DRAUSSEN IN DER SONNE

Vermutlich seid ihr nun immer mehr draußen unterwegs. Je nach Wetterlage kann es in allen Jahreszeiten sinnvoll sein, über eine Sonnenbrille für dein Baby nachzudenken. Je früher man die Kinder daran gewöhnt, desto eher wissen sie das Hilfsmittel zu schätzen, besonders wenn sie es in der störenden Situation austesten können und die Hilfe spüren. Die Sonnenbrille sollte eng anliegen, aus leichtem Kunststoff sein und geprüfte Gläser haben. Hilfreich sind Brillen mit einem Gummiband statt Bügeln, das rund um den Kopf geht. Bei gutem Sitz dient die Brille auch als Windschutz, zum Beispiel beim Nordseeurlaub.

Sonnenschutz für die Haut solltest du ebenso im Blick haben. Vor allem im Frühjahr unterschätzt man leicht die Kraft der Sonne und holt plötzlich ein Baby mit geröteten Beinchen und ebenso roter Nase aus der Trage. Sinnvoll ist im ersten Schritt weite, lange Kleidung. Spezielle UV-Schutzkleidung muss nicht sein, aber darf gerne.

Im zweiten Schritt kann man mit Tüchern zusätzlichen Schutz erreichen, z. B. um die Trage gebunden und nackte Füßchen abdeckend oder mit ausreichend Luftlöchern vor den Kinderwagen gespannt. Erst im dritten Schritt solltest du vor dem 1. Geburtstag deines Babys an Cremes denken, denn die Babyhaut ist sensibel und dünn. Andere Schutzmaßnahmen sind besser. Doch lässt sich Zeit in der direkten Sonne nicht vermeiden, creme dein Kind auf jeden Fall ein.

Unfälle

Die wachsende Mobilität deines Kindes führt spätestens jetzt auch beim vorsichtigsten Wesen zu den ersten Unfällen. Wenn etwas passiert, muss man natürlich immer schauen, ob die beaufsichtigende Person zu unachtsam war oder der Ort nicht abgesichert genug. Aber Vorwürfe helfen niemandem. Lernt daraus und versorgt vor allem einfach möglichst selbstsicher und beruhigend das Kind.

Ratsam ist es, spätestens jetzt einiges neu in eure Notfallapotheke aufzunehmen: Desinfektionsmittel und (Klemm-)Pflaster sind eine kluge Investition. Kühlpads sind hilfreich, aber viele Kinder mögen sie lange nicht an sich heranlassen. Manchmal ist ein kühlendes Bad mit Waschlappen zum Spielen und Bechern zum Gießen die besser akzeptierte Alternative bei Beulen oder auch Insektenstichen.

Der eigene Körper und Hygiene

Zur wachsenden Beweglichkeit und zum Entdecken gehört natürlich auch, dass dein Baby seinen eigenen Körper erkundet. Es wird nicht nur an die Füße fassen, sondern vielleicht auch zwischen seine Beine. Lass es sich erkunden ohne Tabus. Schamgefühle werden erst im dritten Lebensjahr ein Thema werden.

Spannend ist auch der Mund: Ist der erste Zahn schon da? Vielleicht gleich mehrere? Auch hier ist die Spanne groß, wann das losgehen und wie das vonstattengehen kann, aber in der zweiten Hälfte des ersten Lebensjahres tauchen eigentlich bei allen Kindern die ersten weißen Spitzen im Mund auf. Sie spielen dann mit ihren Zungen daran herum, mögen Kaubares und Kühles (ein feuchter Waschlappen ist oft eine gute Idee), brauchen manchmal ein altersgerechtes Schmerzmittel, weil das Drücken im Mund sie nicht schlafen lässt, und sie brauchen jemanden, der sich von Anfang an um die Zähne kümmert. Nein, du musst jetzt noch keine drei Minuten Zähne putzen. Wie bei der Beikost geht es auch hier um Gewöhnung. Gewöhnt euch an, morgens und abends ein bisschen zu reinigen. Ob mit Bürste oder Fingerling, ob mit Zahncreme oder ohne, mit Fluorid oder ohne, ob mit Wasser oder nicht, ob durch deine oder die Babyhand entscheidet sich individuell. Die meisten Zahnärzte und -ärztinnen raten zu Kinderzahncreme, die natürlich auch verschluckt werden kann.

Mache ein Ritual daraus mit Spaß und Gesang sowie der Möglichkeit, dass das Baby mitmachen kann, aber vermeide intensive Kämpfe. Zähne zu putzen ist ein Muss. Auch bestimmte Medikamente kannst du nicht weglassen und du musst dein Kind von bestimmten Gefahrenbereichen, wie der Straße, fernhalten. So kann es sein, dass wir Eltern manchmal in die unschöne Rolle kommen, „schützende Gewalt“ anwenden zu müssen. In guter Beziehung können unsere Kinder das aushalten. Aber das Maß sollte stimmen. Für kaum mehr als wenige Sekunden Putzen am ersten Zähnchen solltest du keinen Konflikt anzetteln.

KINDERARZT UND KINDERÄRZTIN

Hinter euch sollten schon einige Besuche in der kinderärztlichen Praxis liegen, selbst wenn nicht mehr als die Vorsorgeuntersuchungen anstanden. Bist du zufrieden mit der Begleitung? Werden deine Sorgen ernst genommen? Wird deine Meinung akzeptiert, beispielsweise wenn du dich informiert hast und schlafen, zufüttern o. Ä. anders regeln möchtest als andere? Begegnet man dir und deinem Kind verständnisvoll? Wird dein Kind behutsam und mit Spaß untersucht?

Solltest du dich nicht wohl fühlen, sprich es an. Manchmal gehen Bedürfnisse im Praxisalltag unter, aber es wird Raum dafür geschaffen, sobald sie den Beteiligten bewusst sind. Bist du grundsätzlich zufrieden, aber stört dich die Art, mit der du zu einem bestimmten Bereich Auskunft erhältst, informier dich zusätzlich bei einer zweiten Stelle, bilde dir deine Meinung und stehe dazu. Hast du hingegen das Gefühl, ihr seid wirklich gar nicht gut aufgehoben, bemühe dich um einen Wechsel und Zweitmeinungen zu strittigen Themen. Hier und bei allen Fachärzten und -ärztinnen hast du ein Recht auf Akteneinsicht und auch auf Kopien der Unterlagen (gegen Bezahlung)!

Spielerisch durch den Alltag

Das Miteinander mit deinem Baby in eurem Alltag hat nicht nur eine Bedeutung für seine persönliche Entwicklung und Bereiche wie Sprechen oder Motorik, sondern auch für sein späteres Miteinander mit anderen Menschen. In einem Umfeld voller gesunder Beziehungen kann dein Kind sich prosozial entwickeln. Das heißt es lernt, sich um andere zu kümmern und dafür zu sorgen, dass es ihnen gut geht.

Du hilfst deinem Baby beim Mitfühlen

Du hast das Gefühl, dein weinendes, schlecht schlafendes, sofort losschreiendes Baby ist meilenweit davon entfernt, mitfühlend und sozial zu sein? Ja, noch versteht es nicht, dass es Mitleid mit dir haben sollte, wenn es dich nachts um drei zum fünften Mal weckt, oder dass es nett wäre, den Tisch beim Essen nicht mit Brei einzucremen. Aber in eurem Miteinander lernt es die erste Grundlage dafür, dass es das irgendwann kann. Dank der Gefühlsansteckung, zu der dein Kind im Stande ist, nimmt es alle Emotionen wahr, die du ihm zeigst. Das ist die Basis dafür, dass ...

- ... dein Kind bald versteht, dass es dir helfen kann, wenn dir etwas weggerollt ist und es näher dran sitzt.
- ... dein Kind im zweiten Lebensjahr versucht, andere zu trösten, wenn sie unglücklich sind.
- ... dein Kind rund um den zweiten Geburtstag anfängt, manches mit anderen bewusst teilen zu wollen.
- ... dein Kind in den kommenden Jahren nach und nach Regeln verstehen kann und einhalten mag, weil es den Sinn versteht.
- ... dein Kind einen inneren Moralbegriff entwickeln kann und irgendwann (verbunden mit der inneren Kontrolle seiner spontanen Impulse) an den Punkt kommt, andere nicht absichtlich verletzen und Dinge nicht bewusst zerstören zu wollen.
- ... dein Kind Schritt für Schritt die Motivation entwickeln kann, auch mit Unmut zu kooperieren und sich auf Kompromisse einzulassen, weil es fühlen darf, wie es dir geht, wenn es das nicht tut.

Das ist ein Weg für die kommenden Jahre, und du kannst das Fundament bauen, wenn ihr im Alltag einfach viel gemeinsam macht, Routinen entwickelt, du dein Leben mit deinem Kind teilst, es deine Gefühle anhand deines Gesichtsausdrucks oder deiner Stimme erleben darf, es dich beim Trösten, Helfen und Lösen erlebt und du ihm zugewandt die Welt zeigst. All das ist Begleiten durch dich und Lernen für dein Kind. Es ist Spiel und doch viel mehr.

Und was ist mit Erziehung? *„Es tanzt euch doch jetzt schon auf der Nase herum!“* ist der klassische Vorwurf, den Eltern häufig im Verlauf des ersten Lebensjahres ihres Kindes von anderen Erwachsenen, zum Beispiel den Großeltern, zu hören bekommen, wenn sie bewusst auf Bindung und Beziehung achten möchten. Wenn du dein Baby so feinfühlig wahrnimmst, wie in diesem Buch beschrieben, und gleichzeitig auf deine Kräfte und Bedürfnisse schaust, bist du auf einem guten Weg, die (auch psychisch) gesunde Entwicklung deines Kindes wunderbar zu unterstützen. Dein Kind lernt, dein Kind versteht nach und nach. Und du bist eng dabei. Das ist deine „Erziehung“, ohne dass du dein Kind gemäß irgendwelcher vielleicht überholter Erwartungen mit Härte und Kälte irgendwohin „ziehst“.

Du zeigst deinem Baby die bunte Welt der Lebensmittel

Was ist sonst noch wichtig, wenn es in großen Schritten auf das Ende des ersten Lebensjahres zugeht? Ganz banal: das Essen. Etwa ab dem fünften Lebensmonat fragen Verwandte und oft auch die kinderärztliche Praxis, ob du schon zufütterst. Bleib deinem Weg treu, auf dein Kind zu schauen und nicht auf Tabellen. „Tricks, um Essen endlich ins Kind zu bekommen“ sorgen in der Regel nicht gerade für ein gesundes Essverhalten. Ihr habt Zeit. Deine besten Helfer heißen Geduld und Angstfreiheit. Spätestens im siebten Lebensmonat, also jetzt, solltest du aber testen, wie dein Kind die Sache mit der Beikost findet. (Stark untergewichtige Kinder sind hier natürlich ausgenommen und müssen oft früher und nach speziellen Plänen starten. Lass dich ärztlich beraten und hol eine Zweitmeinung ein, wenn du unsicher bist.)

Vielleicht ist dein Kind aber auch längst super interessiert, kann jetzt möglicherweise schon gut mit am Familientisch sitzen und mag neugierig alles zumindest mal in den Mund nehmen. Dann nichts wie los!

Machst du dir Gedanken, weil dein Kind etwas ganz Ausgefallenes probieren mag? Dann schau wortwörtlich über deinen Tellerrand, denn in anderen Ländern besteht die erste Beikost oft nicht aus Bio-Pastinaken. Allergieprävention durch Vermeidung bestimmter Lebensmittel ist schon lange nicht mehr up to date. Ein vielseitiger Speiseplan von Anfang an ist für alle Kinder ein Gewinn. Aufpassen musst du im Grunde nur bei der Menge (beispielsweise nicht zu viel, wenn es sehr salzig ist) und wegen der Größe und Konsistenz (Nüsse können zum Beispiel verschluckt werden, Birne mit Schale klebt sich leicht und unangenehm am Gaumen fest). Genaue Empfehlungen zu Do's und Dont's, zu Mengen und Inhaltsstoffen findest du zum Beispiel über die Deutsche Gesellschaft für Ernährung. Die Tipps ändern sich mit jeder verbesserten Studienlage, also ist es ratsam, dir aktuelle Infos zu besorgen, anstatt einen älteren Ratgeber einer befreundeten Familie zu verwenden.

ESSENSVORLIEBEN AUS DER SCHWANGERSCHAFT

Hat das Baby in der Schwangerschaft häufig intensive Geschmäcke kennengelernt, kann solch eine Vorliebe nach der Geburt bleiben, denn starke Aromen waren im Fruchtwasser zu schmecken. Vorlieben für oder Abneigungen gegen bestimmte Gewürze oder Lebensmittel haben hier möglicherweise ihren Ursprung. Je variantenreicher die werdende Mutter gegessen hat, desto höher ist die Wahrscheinlichkeit, dass ihr Kind nicht absolut wählerisch am Tisch sein wird.

Machst du dir Sorgen um ein zu hohes Gewicht? Gerade Babys, die motorisch nicht so interessiert und fit sind, sehen zu Beginn des zweiten Lebenshalbjahres oft sehr proper aus. Eltern beginnen sich zu sorgen. Wenn du dein Kind nicht zu hochkalorisch fütterst, musst du dir keine Sorgen machen: Sein Gewicht wird sehr wahrscheinlich deutlich runtergehen, sobald es sich mehr bewegt. Es braucht keine Verhaltensveränderung am Esstisch. Vertrau deinem Baby, lies dich vielleicht unterstützend in ein Kinderernährungskonzept ein, dass ebenfalls auf Vertrauen ins Kind basiert (z. B. das Confidimus-Prinzip, s. Literatur S. 204), und sei froh, wenn dein Kind ein paar Pölsterchen hat, falls jetzt die ersten Infekte auftauchen. Jede Reserve ist dann willkommen.

Machst du dir Gedanken, dass dein Kind zu wenig trinkt? Bedenke dass auch in Nahrung Flüssigkeit enthalten ist. Du kannst Breie und Suppen etwas dünner anrühren. Sind die Windeln immer wieder gut nass, musst du dir keine Gedanken machen. Baden mit Wassertrinkspielen ist eine druckfreie Möglichkeit, die Trinkmenge ein wenig zu erhöhen.

Fragst du dich, ob Fertigessen aus dem Gläschen gut genug ist? Ist es. In Deutschland wird wenig so stark kontrolliert wie Lebensmittel, erst recht die für Babys. Und du bist kein besseres oder schlechteres Elternteil, ob du nun selbst kochst oder Fertigbreie kaufst. Achte bei der Auswahl auf zwei Dinge: Die viele Abwechslung im Breiregal ist für erwachsene Käufer, nicht für die Babykonsumenten gemacht. Wenn du also etwas gefunden hast, was deinem vielleicht sehr wählerischen Kind schmeckt, ist das wunderbar, und ihr müsst nicht gleich zum nächsten Stress weitermarschieren. Und schau, dass im Brei keine Vanille oder ein anderer intensiver Aromastoff enthalten ist, denn die schmecken sehr intensiv und können dein Baby dazu verleiten, Lebensmittel ohne Vanillegeschmack beziehungsweise andere Aromastoffe eher abzulehnen.

Denkst du über „baby led weaning" nach? Dein Baby bestimmen zu lassen, in welchem Tempo es von der Milch zur Beikost wechseln möchte, und es selbst sein Essen greifen zu lassen, anstatt alles von dir mit dem Löffel zu bekommen, ist eine schöne Sache. Starte am besten erst, wenn dein Baby allein sitzen kann, denn das aufrechte Sitzen erleichtert problemfreies Schlucken. Und lies dich gut dazu ein, welche Lebensmittel ratsam sind und welche eher gefährliches Fingerfood wären. Außerdem empfehlen neueste Studien eine Mischung aus Selbstessen und Löffelfüttern: Nur mit Fingerfood kann sich die Beikosteinführung über eine zu lange Zeit hinziehen, was sich nachteilig auf das Vorbeugen von Allergien und Zöliakie auswirkt. Wenn es nur von dir oder einer anderen Bezugsperson gefüttert wird, kann es länger dauern, bis es selbstständig iss. Also lass dein Baby mit den Händen mitmachen, gerne auch mit erstem Besteck.

Wunderst du dich, warum dein Baby erst begeistert von der Beikost war und plötzlich wieder wenig anrührt? Alles nur eine Phase, das gilt auch hier. Manchmal stecken schiebende, schmerzende Zähne dahinter, ohne dass man sie schon sehen kann – und manchmal lässt sich dieses Rätsel auch gar nicht lösen. Vertraue deinem Kind und geh seinen Weg mit. Das heißt nicht, dass es unter Umständen ewig weitergestillt werden muss. Wenn es dem stillenden Elternteil damit nicht gut geht, darf jederzeit abgestillt und auf Milchpulver gewechselt werden.

MILCH

Im zweiten Halbjahr und im Zuge der Beikosteinführung fragen sich viele Eltern, mit welcher Milch es weitergehen soll. Stillen geht natürlich immer. Bei Pulvermilch gibt es etliche verschiedene Produkte, die verwirren können: Babymilch, Folgemilch, Kindermilch, dazu Altersangaben und immer modernere, längere, verwirrendere Produktbezeichnungen. Für dich ist wichtig, dass normalerweise Pre-Milch ausreicht, bis dein Kind im zweiten Lebensjahr auf Fläschchennahrung verzichten kann. Denn vor allem 2er- und 3er-Milch erhöhen das Risiko für späteres Übergewicht. Unter Umständen empfiehlt die kinderärztliche Praxis mit Blick auf Gedeihprobleme 1er-Milch. Sie ist geringfügig gehaltvoller und verbleibt länger im Magen deines Babys.

Wenn ihr Kuhmilch im Getreidebrei einführt, halte dich unbedingt an die aktuellen Mengenvorgaben der Deutschen Gesellschaft für Ernährung e. V., denn zu viel davon schadet den Nieren.

Hast du das Gefühl, dein Baby trinkt quasi ständig und wird nicht mehr richtig satt, täuscht das meist. Wähle einen kleineren Sauger. Damit dauert das Trinken etwas länger und das Sättigungsgefühl kann sich besser einstellen. Außerdem ist es etwas anstrengender und auch noch gut für die Sprechmuskulatur.

Du genügst deinem Baby vielleicht nicht mehr

Viele Eltern haben jetzt das Gefühl, ihr Alltag ist dem Baby zu eintönig – oder sie selbst finden es anstrengend, viel Zeit allein mit ihrem immer neugierigeren Kind zu verbringen. Ersteres kann gut sein, und Letzteres ist total legitim: Fühlst du dich einsam, tu was dagegen. Ein stark fremdelndes oder von Geburt an einfach sehr schüchternes Baby kann das schaffen, wenn du langsam vorgehst und übersichtliche Unternehmungen auswählst.

- Geht zusammen in ein Schwimmbad, das ein Warmwasserbecken hat.
- Such dir einen Sport, bei dem das Kind mitmachen oder nach einer Eingewöhnung betreut werden kann. (Fitness- oder Rückbildungskurse mit Babytrage oder Buggy sind empfehlenswert.)
- Starte auch jetzt noch einen Krabbel- oder Schwimmkurs für dein Kind.

Auch zu Hause kannst du für mehr Abwechslung und Abenteuer sorgen. Im Netz findest du Millionen von Anregungen, um Höhlen, Kletterwege oder Feinmotorikspielzeug zu basteln. Einfache Möglichkeiten sind:

- Kissenberge, verschiedene Höhlen oder auch Gletscherspalten aus Decken und Matratzen
- Kletterparcours und Treppen aus Hüpfmatten und Kindermöbeln (Stühle, Tische, Schränke). Achte auf Kippsicherung und lass dein Kind nicht allein, sondern übt zusammen.
- Wäschekorbe, in deren Löcher du Backpapier, Seile oder Ketten steckst und die ihr mit Bauklötzen „füttert“. Du kannst den Korb auch etliche Male mit einem dicken Faden durchziehen, sodass ein wirres Netz entsteht, durch das dein Kind greifen und Sachen herausfischen muss.

Rückwärts und sicher

Jetzt ist der richtige Zeitpunkt, dein robbendes, schiebendes oder krabbelndes Kind daran zu gewöhnen, Höhenunterschiede rückwärts zu meistern. Investiere die Zeit und bewege es an jedem Abgrund sanft mit dem ganzen Körper in Position, sodass es dann mit den Füßen zuerst hinuntergelangen kann. Auf diese Weise kann es spüren, welche Bewegungen es selbst vollziehen sollte, um sicher nach unten zu kommen. Manche Kinder brauchen lange, um das zu verstehen, und müssen eng begleitet werden – keines tut das aus böser Absicht. Andere lernen es schnell und drehen sich dann sogar an Teppichkanten um.

Gewohnheiten

Bei allen Unternehmungen ist es für die meisten Babys auch im zweiten Lebenshalbjahr noch hilfreich, wenn du eine gewisse Struktur und geliebte Rituale möglichst oft beibehalten kannst. Manches davon gibt auch einfach dir als Elternteil Sicherheit und das ist gut so. Wirst du kritisiert, weil ihr gern mittags oder abends zu bestimmten Zeiten zum Essen, Entspannen oder Schlafen in den heimischen vier Wänden seid, musst du dich nicht rechtfertigen. Ihr kommt als Familie immer noch im gemeinsamen Leben an!

An dich denken

Hast du eigentlich noch Zeit, auf dich zu schauen? Je nach Baby, seiner und deiner Wesensart und den Lebensumständen kann das sehr unterschiedlich sein. Ein bisschen Raum solltest du dir aber immer gönnen und in dich hineinfühlen: Bist du überfordert? Oder nur erschöpft, aber dafür sehr? Sind nur manche Tage krass oder eigentlich alle? Und die Nächte auch? Fühlst du dich wohl und wie geht es euch Eltern als Paar?

Ein guter Ansatz, um mit den Antworten auf diese Fragen umzugehen ist „Aktives Annehmen". Euer Leben ist erst einmal gut so wie es ist. Eure Charaktereigenschaften sind gut so wie sie sind. Vorwürfe und Schuldgefühle sind keine guten Berater. Nimm die Situation so an, rechne damit, dass es anstrengend wird. Aber da, wo es pikst, solltest du hinschauen, Infos sammeln und eventuell Hilfe dazuholen, also aktiv werden: nochmal mit der Hebamme sprechen, mit einer Freundin, einem anderen erfahrenen Elternteil, natürlich mit deinem Partner oder deiner Partnerin.

Sei ehrlich, echt, jammere unbedingt, wenn dir danach ist. Tausch dich aus, suche Mitgefühl und Ideen.

Zwillingsbabys oder größere Geschwisterkinder machen das erste Babyjahr nochmal fordernder. Auch da hilft kein stilles Leiden. Hadere aber nicht ewig sondern verändere etwas in kleinen Schritten. Eine Familienhelferin oder eine Babysitterin, die nicht klassisch dein Kind allein betreut, sondern ergänzend zu dir bei euch zu Hause mitanpackt, erspart Trennungsstress und schafft ein wenig Freiraum. Das Jugendamt oder eine Kirchengemeinde können Anlaufstellen auf der Suche sein.

Gespräche in der Partnerschaft über alltägliche Aufgabenverteilung, aber genauso über individuelle Nöte und romantische Wünsche sind unvermeidbar. Entsprechende Ratgeber zu Mütterfürsorge, Mutter- oder Vatersein, Partnerschaft oder Mental Load können dir Ideen an die Hand geben.

Halte immer mal inne und frage dich:

- Wie geht es mir?
- Welche Wünsche habe ich für mein Baby?
- Fühlen sich die Antworten gut an oder sollte ich jetzt etwas verändern?

ANKUNFT – DAS VIERTE VIERTELJAHR

Ein Dreivierteljahr liegt hinter dir, das vermutlich unendlich lang und gleichzeitig fürchterlich kurz war. Dein Baby ist eine echte Persönlichkeit, weit entfernt von dem hilflosen, oft schlafenden Wesen, das es noch im Wochenbett war. Es hat schon immens viel gelernt. Eure Reise ist noch lange nicht zu Ende, aber ein Höhepunkt liegt in Sichtweite: der erste Geburtstag! Doch bis dahin passiert noch so einiges und du gibst deinem Kind die nötige Grundausstattung mit.

Dein Baby marschiert in großen Schritten in Richtung Kleinkind. Noch hat es wahrscheinlich Babyspeck und wackelige Beine, aber es legt ein hohes Tempo vor auf seiner Entwicklungsreise. Wieder und wieder kommen neue Fähigkeiten hinzu. Dein Kind kommt immer besser mit seinem Umfeld in Kontakt: verstehen, sich äußern, entdecken, fordern, spielen. Was passiert da genau?

nachmachen, planen & verstehen

Denken und Wahrnehmen

Dein Baby kann sich immer länger mit Gegenständen oder Personen beschäftigen – wobei „lang“ natürlich relativ ist und von Kind zu Kind variiert. Doch die Aufmerksamkeitsspanne verlängert sich deutlich, was zum einen das Miteinanderspielen spannender macht, aber auch Erleichterung bringt, weil dein Baby zeitweise allein in sein Entdecken abtaucht. Es betrachtet seine Welt, es nimmt wahr, es lernt. Und es beginnt, kleine, simple Abläufe zu planen: hinrobben und den Würfel kullern, hochziehen und die Rassel vom Tisch schieben, zu dir krabbeln und von deinem Arm aus aus dem Fenster schauen. Ein weiterer Meilenstein.

Was kann dein Baby schon?

Sehen

Bis zum Ende des ersten Lebensjahres hat dein Kind in etwa die Hälfte der Sehschärfe eines Erwachsenen erreicht. Diesbezüglich entwickeln sich die Augen in den kommenden Jahren noch weiter. Auch das räumliche Sehen verbessert sich noch mehr, doch schon jetzt erkennt dein Kind die drei Dimensionen gut und kann Tiefe stimmig einschätzen.

Sein Gesichtsfeld hat sich auch erweitert, aber es kann noch nicht so umfassend sehen wie ein Erwachsener, ohne den Kopf zu bewegen. Hier dauert die Reifung bis ins Jugendalter. Das wirst du vermutlich spätestens beim Radfahren merken, weil dein Kind den Kopf mehr bewegen muss als du, um nichts zu übersehen, und dabei gleich den ganzen Oberkörper und Lenker mit in die Blickrichtung dreht.

Schmecken und Riechen

Am Ende des ersten Lebensjahres kann es schon passieren, dass ein Kind wählerischer beim Schmecken und Riechen und damit beim Essen wird. Es entscheidet intuitiv und reagiert mit Freude und Genuss oder vielleicht auch Ekel. Von dir benötigt es Akzeptanz für seine Wahrnehmung. Es entscheidet sich nicht mutwillig gegen deine Suppe, das neue Gemüse oder gegen Omas Zwiebelkuchen. Es folgt seinen Sinneswahrnehmungen. Zeig du ihm, dass es sich darauf verlassen darf, und zwing ihm nichts auf. Biete einfach immer wieder Neues und Gewohntes an.

Gedächtnis

Das Erinnerungsvermögen spielt für den Entwicklungsweg hier eine große Rolle. Dein Baby erinnert sich jetzt immer besser an Gesehenes und hat gewisse Erwartungshaltungen, auch ohne dass es einen Gegenstand sieht oder hört. Die Erwartungen werden umfassender und benötigen keine konkret sichtbaren Auslöser mehr. Der Ball rollt gleich und das Holzspielzeug macht einen lauten Ton, wenn man es fallen lässt. Aber eben auch: Wenn Papa zum Schrank geht, wird der Staubsauger herausgeholt und wir müssen die Stühle beiseiteschieben, oder Opa klatscht immer in die Hände, sobald er mich sieht, und wenn er geht, wartet er vorm Haus darauf, dass ich ihm nochmal vom Küchenfenster aus zuwinke. Das macht kleine Rituale möglich, die dein Kind einfordern kann und die ihm Freude und Geborgenheit bescheren.

MUTIG IN DIE WELT GEHEN

Die „Objektpermanenz“, also das Wissen darum, dass etwas noch da ist, auch wenn dein Kind es nicht mehr sehen kann, hat sich schon im ersten Lebenshalbjahr langsam ausgebildet, das hast du bereits gelernt. Doch nun wird sie nochmal relevanter. Denn das Baby versteht, dass seine Bezugsperson(en) und es selbst unterschiedliche Menschen sind, verschiedene Körper haben und unter Umständen gegensätzliche Ziele verfolgen. Es kann bei dir Nähe suchen, aber es kann auch bewusst auf Abstand gehen (oder robben oder krabbeln) und „sein Ding“ machen. Wenn du es bisher meist feinfühlig begleitet hast, sind Urvertrauen und Bindungssicherheit angelegt. Sein Wissen um Objekt- oder eben auch Personenpermanenz hilft ihm zusätzlich dabei, mutig die Welt zu erkunden.

Sprache

Das Verfeinern der kommunikativen Fähigkeiten ist jetzt *das* Thema für dein Kind. Es probiert weiterhin spielerisch alles aus, was mit Zunge, Zähnen, Lippen & Co. möglich ist, aber es kann auch bewusster sprachliche Abläufe und Begriffe nachahmen. Einerseits hält es sich vielleicht etwas ans Ohr und redet in seiner Sprache hinein, weil es dich am Handy imitiert. Andererseits besteht jetzt auch eine große Wahrscheinlichkeit dafür, dass du nach und nach erste nachgeahmte Wörter verstehst. Echte Wörter! Keine zufälligen Silbenverbindungen, die klingen wie *„Mama“*, sondern wirkliche Wörter, mit denen eindeutig Mama, Papa oder die Banane gemeint sind. Zweiwortsätze, also Kombinationen wie *„Mika Ball“* oder *„Oma da“* stehen aber erst im nächsten Lebensjahr an. Je mehr alle Menschen in seinem Umfeld mit deinem Kind reden oder auch ihm vorlesen, desto leichter wird ihm dieser Schritt fallen.

Auch der Gesichtsausdruck und die Bewegungen der Hände gehören zum Sprechen dazu. Du darfst beides bewusst einsetzen. Und manchmal wirst du sehr schnell feststellen, dass dein Kind etwas übernimmt, zum Beispiel die Geste der nach oben gedrehten Handinnenflächen, wenn etwas leer ist.

Manch ein Kind wartet allerdings auch bis weit nach dem ersten Geburtstag, um das erste Wort zu sagen. Wie bei der Motorik gibt es hier ebenfalls eine breite Spannweite. Manchmal sind die Kinder mit einem schüchternen Wesen zur Welt gekommen oder sie haben ein großes Geschwisterkind, das ihnen ständig das Sprechen abnimmt. Und manchmal liegen ihre Entwicklungsschwerpunkte einfach woanders. Einige Kinder bleiben sprachfaul und das ist okay. Solange die kinderärztliche Praxis das Hörvermögen im Blick hat, musst du dich nicht wirklich sorgen. Auffällig ist eventuell, wenn ein eigentlich schon brabbelndes Kind immer mehr verstummt. Das könnte ein Zeichen für Hörprobleme sein. Sprich das bei der nächsten ärztlichen Kontrolle an.

Egal wie schnell oder langsam sich dein Kind beim aktiven Sprechen zeigt: Verstehen können gesunde Babys am Ende des ersten Lebensjahres schon so einiges. So entstehen leicht die ersten kleinen Dialoge oder zumindest Situationen, in denen dein Sprechen bedeutsam für den weiteren Verlauf ist:

- *„Wo ist der Bär?“*
- *„Holst du den Ball?“*
- *„Das ist Mamas Nase.“*

Wörter, die bekannte, sichtbare Gegenstände, Personen oder auch Körperteile bezeichnen, versteht dein Kind besonders gut, und zwar jetzt auch vermehrt, ohne dass sie sichtbar sein müssen. Die Kombination mit der Bitte, sie zu suchen, oder anderen Aufforderungen in Bezug auf Abläufe, die dein Kind kennt, hat es ebenfalls schnell begriffen.

Und dann ist da das Wörtchen *„Nein!“* Je aktiver dein Baby unterwegs ist, desto häufiger wird es in Situationen geraten, die nicht ganz ungefährlich sind, oder etwas ergreifen, das du ihm nicht geben möchtest. Die Treppe, das Kabel, die Tasse mit dem Heißgetränk auf dem Wohnzimmertisch. Genau jetzt fragen viele Eltern sich oft wie sie damit umgehen sollen.

Einige Kinder begreifen ein klares, liebevolles Nein tatsächlich recht schnell, akzeptieren es und wenden sich etwas anderem zu. Manche sind verunsichert, blicken zu dem oder der Erwachsenen und weinen vielleicht sogar verschreckt. Sie brauchen Trost und eine Alternative, um das Nein annehmen zu können, sowie bestimmt einige Wiederholungen, bis sie sich an den Wunsch halten können.

Andere Babys halten nur kurz inne, machen dann aber weiter mit ihrem Plan und grinsen den oder die verneinenden Erwachsene*n nur breit ein. Diese Kinder haben es in der Regel am schwersten, denn allzu oft wird ihr Grinsen fehlinterpretiert als boshaft und provokant. In unsere Erwachsenengefühle mischen sich dann ganz alte Emotionen und lassen Gedanken aufploppen wie *„So gehst du nicht mit mir um!“* und *„Dir muss ich jetzt aber klar zeigen, dass ich hier das Sagen habe!“*

Sei dir sicher: Dein Kind kann noch lange keine gemeinen Pläne aushecken. Es steckt in einem Lernprozess und hat Interesse an einem Ding, von dessen Gefahr es nichts weiß. Es ist sich recht sicher, dass du es bei der Erkundungstour in guter Beziehung begleiten wirst. Doch dein *„Nein!“* kommt überraschend, störend. Ein Beziehungsabbruch wäre jetzt das letzte, was dein Kind braucht. Im Gegenteil: Es sucht Beziehungssicherheit mit seinem sogenannten „Sozialen Lächeln“. *„Ist noch alles okay zwischen uns?“*, fragt es dich, also zeig ihm, dass es sich deiner Liebe sicher sein kann, aber trotzdem nicht auf die steile Treppe, an das Stromkabel oder an den heißen Tee darf. Vielleicht wird es sauer sein oder traurig, vielleicht werdet ihr das siebzigmal wiederholen müssen. Wahrscheinlich hilft es, wenn du ihm eine Alternative anbietest. Nur so lernt dein Kind dich, die Gefahren und die Sicherheit zwischen euch kennen.

KABEL

Dein Kind kann durchaus lernen, dass es Ja- und Nein-Kabel gibt. Wenn es eines der vielen ist, die Kabel wirklich lieben, leg ihm seine eigene Mehrfachsteckdose mit Schalter in die Spielzeugkiste. So hast du immer eine Alternative, wenn es mal wieder hinter den Fernsehschrank kriechen will.

Nachahmen

Das Imitieren von Erwachsenen oder anderen Kindern bezieht sich nicht nur auf das Sprechen. Auch Gesten und Handlungen saugt dein Baby auf und probiert einiges davon selbst aus: Suchen (Bücken, den Kopf Kippen), Wischen, Klopfen, manchmal Pusten (oft noch nach oben statt nach vorne und manchmal sehr feucht) und besonders Klatschen, Winken und Smartphone-Wischen lassen sich oft beobachten.

Dein Baby will sein wie du, es machen wie der große Cousin, in die Interaktion mit anderen gehen wie die Frau an der Supermarktkasse. Das sind Momente zum Genießen und Mitfreuen.

Und nutzen kann man die Freude daran manchmal auch: Trinkt dein Kind beispielsweise nicht mit großer Begeisterung, könnt ihr einüben, mit eurem Wasser anzustoßen und danach immer ein Schlückchen zu trinken. Sind Zähneputzen, Wickeln oder Anziehen oft schwierig, kannst du dir auch dafür Rituale ausdenken, bei denen du etwas vormachst und dein Kind simple Bewegungsabläufe mitmacht. Wenn du dazu noch etwas Selbstgedichtetes singst, sind manche herausfordernde Situationen gut einzufangen. Einige aber trotzdem nicht. Da gibt es kein Allheilmittel.

Gegenstände und Menschen

Das Spiel mit Dingen und Personen besteht aber nicht nur aus Nachahmen, sondern viel aus Probieren. Die Frage *„Warum macht mein Kind das?“* kann man oft nur beantworten mit *„Weil es das kann!“* Es wirft deinen Schlüssel fünfundfünfzigmal hintereinander auf die Fliesen? Ja, klar, es kann die Hand gezielt öffnen, es weiß, welches Geräusch dann erklingt, es freut sich, wenn du sie aufhebst und ihr Bitte und Danke sagt. Es beißt immer wieder voller Freude in die lange Nase von der Plüschmaus oder in deinen Oberarm? Ja, klar, denn es kann gezielt Zähne, Kiefer und Zunge einsetzen, spürt seine Kraft und seine Glücksgefühle, ist immer noch sehr sensibel im Mundbereich und erkundet oft noch etwas unkontrolliert seine Welt.

Sein Interesse wechselt von Dingen hin zu Menschen und zurück. Mit Personen ist Geben und Nehmen ein wunderbares Spiel oder gemeinsames Erkunden eines Spielzeugs. Gegenstände kann dein Kind hingegen langsam auch als Werkzeug einsetzen, also nicht nur selbst mit Händen, Mund oder Füßen mit dem Ding etwas machen, sondern es einsetzen, um etwas zu tun: klopfen, ziehen, anschieben, darauf klettern, um an etwas heranzukommen, das höher positioniert ist.

Zur Intelligenzentwicklung gehört nämlich auch, dass dein Baby in immer mehr Momenten Ursache und Wirkung begreift und dieses Wissen auch nutzt: Schon in den ersten Monaten hat es irgendwann gelernt, dass ein Rütteln an einer Rassel Geräusche macht und ein Tritt gegen die Bettkante das Mobilé zum Wackeln bringt. Oder noch viel wichtiger, dass du kommst und dich sicher kümmerst, wenn es vor Hunger weint. Doch jetzt wird dieses Verständnis noch vertieft und kann mehrere Beteiligte enthalten: den Hocker, das Waschbecken, den Becher und den Wasserhahn.

BEGRENZTES VERSTEHEN: DER SPIEGELTEST

Ein typischer Moment, in dem du sehen kannst, dass die geistige Reife wortwörtlich noch in den Kinderschuhen steckt, ist der Blick in einen Spiegel. Spiegelnde Flächen sind reizvolle Gegenstände für Babys. Und viele Eltern fragen sich irgendwann, ob ihr Kind sich selbst wohl schon in der Reflektion erkennt. Nein! Es sieht ein Baby, das vielleicht lächelt, und grinst oder winkt zurück, leckt oder küsst die kalte Spiegelfläche neugierig. Erst mit eineinhalb oder zwei Jahren wird es eine Wäscheklammer, die du ihm an die Kleidung machst, nicht mehr im Spiegel abziehen wollen, sondern an sich selbst, weil es begriffen hat, dass der Spiegel nur reflektiert.

Dein Baby ist intelligent und wird immer cleverer. Es löst erste Probleme. Hier eng dabei zu sein, ist leider oft anstrengend, doch dein Baby braucht Lerngelegenheiten, Fehlversuche, Begleitung und Warnungen, um die Welt verstehen zu können. Es geht nicht ohne. Darum gräm dich nicht wegen stressiger Tage. Sie sagen erst einmal nichts darüber aus, wie gut du als Elternteil bist oder wie die Qualität eurer Beziehung ist.

Orientierung

Je mehr dein Kind sehen, anfassen, mit dem ganzen Körper erkrabbeln kann, desto besser begreift es Räumlichkeit: die drei Dimensionen bei allen Gegenständen, die Größe und Tiefe von Räumen, die Lage von Treppen und Schrägen oder auch die Höhe und den Sinn von Rutschen. Es braucht von dir also vor allem die Chance, möglichst viel erkunden und ausprobieren zu dürfen.

Was kannst du noch tun?

Außer für Gelegenheiten zu sorgen, bei denen dein Kind sich austesten und die Welt erfahren kann oder auch anderen Menschen begegnen darf, kannst du am Ende des ersten Lebensjahres natürlich noch einiges mehr tun.

Spielzeug

Außer für Gelegenheiten zu sorgen, bei denen dein Kind sich austesten und die Welt erfahren kann oder auch anderen Menschen begegnen darf, kannst du am Ende des ersten Lebensjahres natürlich noch einiges mehr tun. Achte beispielsweise darauf, dass das Spielzeug nicht überhandnimmt und nicht überfordert. Beides passiert ganz schnell. Jeder Gast, jede Freundin, alle Verwandten möchten etwas schenken und dir gefallen auch viele Sachen oder du hältst sie für besonders passend. Da kommt schnell viel zusammen. Dein Baby ist aber rasch reizüberflutet, wenn eine Box mit 30 Gegenständen neben der Krabbeldecke steht. Viele Kinder können sich angesichts einer solchen Menge nicht gut auf das Entdecken einer Sache konzentrieren. Weniger ist also mehr: Lagere nur einige Spielzeuge dort, wo das Kind selbst hinkommt, und wechsle das Angebot immer wieder.

Zum anderen sind bei den geschenkten Produkten häufig Spielzeuge dabei, die gar nicht für das jetzige Alter deines Kindes gedacht sind. Manchmal sind sie falsch ausgezeichnet, manchmal gefallen sie den erwachsenen Käufer*innen aber auch einfach so gut, dass sie genau diese Dinge jetzt schon schenken wollen. Sogenannte Steckwürfel, bei denen Formen wie Dreiecke und Quader in bestimmte Öffnungen sortiert werden müssen, landen beispielsweise oft viel zu früh bei den Kindern und frustrieren dann. Auch hier darfst du aussortieren, aufheben und später anbieten, wenn du spürst, dein Kind ist verärgert über ein Objekt. Ab und an kann es aber vielleicht auch einfach anders genutzt werden. Begleite hier gut. Frust und Überforderung kommen von allein häufig genug in einem Kinderleben vor.

Wenn du mit deinem Kind zusammenspielst, kannst du Gegenstände, Sprache und Handlungen wunderbar verbinden:

- Was kann dein Kind holen?
- Was kannst du dem Kind geben?
- Was kann dein Baby suchen?
- Wie heißen die Dinge?
- Was macht man damit?
- Was könnten alternative Nutzungsmöglichkeiten sein?

Geht gemeinsam auf Entdeckungsreise. Wir Großen sehen oft nur eine typische Verwendungsart eines Gegenstandes, aber mit einem Kind zusammen können wir viel mehr entdecken.

PASSENDE SPIELZEUGE

Wenn du das Gefühl hast, da liegt ein Spielzeug im Regal des Spielwarenladens, das genau die Tätigkeit fördert, die dein Kind gerade übt, dann bring es ihm gerne mit. Aber vieles kannst du auch einfach in Bad, Küche, Nähkoffer oder Keller entdecken. Bürsten, Flaschen, Getränkekästen, Kunststoffgeschirr, Bänder, Stoffe, Taschen, Koffer, Körbe, Dosen mit Deckeln, Verpackungen ... Und für etliches davon findest du im Netz auch simple Bastelideen, die die Dinge nochmal spannender machen können.

Empfehlenswert sind Spielzeuge mit Schnüren zum An-sich-Heranziehen oder Hinterherziehen (auch krabbelnd; natürlich mit Bändern und Schnüren das Baby nicht allein lassen), Holzobst (eventuell mit Klettverbindungen), große Magnete, aufgefädelte Rasseln oder Kastanien (auch gern als Armbänder), Ringtürme, unterschiedlich große Bälle mit verschiedenen Oberflächen oder erste, ganz schlichte Musikinstrumente. Dein Kind kann seine Fingerfertigkeiten üben und sein Werkzeugdenken nutzen, aber muss keine überfordernden, komplexen Aufgaben lösen.

Sprache

Wenn du einfach ganz normal mit deinem Kind redest, kommen viele Wörter und Bezeichnungen für Vorgänge oder Gegenstände bei ihm an. Sein passiver Wortschatz, also die Begriffe, die es verstehen, aber noch nicht aussprechen kann, wächst rasch. Zusätzlich kannst du das fördern,

- ... indem du mit ihm weiterhin Lieder singst, zu denen Gesten und dann auch größere Bewegungen wie Bücken oder Drehen gehören. Denn die Verbindung aus Lautkette und Bewegung prägt sich besonders gut ein.
- ... indem du auf die Dinge oder auch Körperteile zeigst, die du benennst

- ... indem du dich besonders auf Wörter für eure Alltagsgegenstände konzentrierst und die Begriffe oft wiederholst.
- ... indem du Bilder und Begriffe oder auch Geräusche verbindest: Der Hund bellt. Die Klingel klingelt. Der Wind pfeift durch die Wolken.
- ... indem du immer wieder anbietest, Bücher anzuschauen oder sogar schon vorzulesen. Die Aufmerksamkeitsspanne und das Interesse sind hier sehr unterschiedlich von Kind zu Kind. Achte darauf, dass Texte kurz und Illustrationen nicht zu überladen sind.

Auch wenn ihr nach und nach im Grunde gleiche Dinge bezeichnen könnt, werden sich eure Wörter oft voneinander unterscheiden. Du sagst „Apfel“, dein Kind vielleicht „A-el“. Die Babywörter sind oft super niedlich und natürlich darfst du sie auch nutzen, aber es kann sein, dass dein Kind wütend wird, wenn du nicht mehr „Apfel“ sagst. Es hört zunächst ja dein korrektes Wort und sagt es in seiner Wahrnehmung richtig. Wenn du dann seine Version nutzt wird es sauer. In den kommenden Jahren wird es häufiger solche Momente geben. Korrigiere stets sparsam. Sprich schwierige Begriffe einfach selbst möglichst deutlich und richtig aus.

Gefühle und Miteinander

in die Welt finden

Die Menge der empfundenen und gezeigten Gefühle wächst weiter. Das macht das Miteinander von dir und deinem Baby oft schöner und gleichzeitig leider auch schwieriger. Beides gehört dazu: miteinander lachen und miteinander uneins sein. Miteinander uneins sein? Was soll das denn bedeuten? Dass Konflikte, Stress und Krisen zu jedem Leben dazugehören. Und dass dein Kind dich jetzt noch stärker als Begleitung braucht, um irgendwann allein mit seinen Gefühlen in dieser Welt zurechtzukommen. Egal, ob es Freude, Angst, Traurigkeit oder Wut zeigt, es möchte damit noch nicht allein sein und es weiß noch nicht, wie es einen von Emotionen überwältigten Körper wieder beruhigen kann. Du sorgst für Resonanz, indem du mitfühlst und für dein Kind und andere beschreibst, was in deinem Kind los ist, und indem du durch Berührungen, Rituale, Singen oder Ähnliches dabei hilfst, dass die Erregung wieder weniger wird.

Was kann dein Baby schon?

Die grundlegenden Gefühle Freude, Angst, Traurigkeit und Wut kann dein Baby nun gut zeigen. Wie rasch ein Kind sie empfindet, wie intensiv es sie spürt und auch auslebt, ist aber individuell verschieden.

Wesensart

Gerade in diesem Bereich zeigt sich nun nochmal genauer, wie unterschiedlich ausgestattet Kinder zur Welt kommen, nicht nur im Hinblick auf Regulationsfähigkeit, wie im Kapitel „Abreise – Das erste Vierteljahr: Gefühle und Miteinander" beschrieben. Während euer Umfeld die Tatsache, dass es motorisch große Unterschiede zwischen Kindern gibt, schon oft mit *„Ist halt so!"* annimmt, blickt es immer noch voller Zweifel auf Unterschiede in der Gefühlswahrnehmung und -verarbeitung. Gerade jetzt, wo dein Baby sich dem Kleinkindalter nähert, haben viele Erwachsene falsche Vorstellungen. Zwischen *„Sie stellt sich aber an!"* und *„Den musst du jetzt echt mal langsam erziehen!"* begegnen Eltern je nach Wesen ihres Babys verschiedensten Vorwürfen und fühlen sich schnell angegriffen oder aber wirklich schuldig, etwas falsch gemacht zu haben.

Empfindest du dein Kind in diesem Bereich als deutlich anders als andere? Empfindsamer? Oder übermütiger? Sei dir sicher, dass es noch etliche andere Gleichaltrige gibt, die genauso sind, ohne dass irgendetwas schief gelaufen ist in den ersten Lebensmonaten.

Wir alle gehen unterschiedlich mit Gefühlen um. Von Geburt an. Unveränderlich wie das Grübchen am Kinn.

Erinnere dich an den Abschnitt dazu. Manche Kinder sind besonders aufmerksam, andere eher etwas fahrig. Manche kommen mit Gefühlen gut klar, andere sind ganz früh schon überfordert. Manche sind im Allgemeinen echt hart im Nehmen und sind auch mit all den Reizen in einem vollen Freizeitpark nicht überfordert, während andere sehr labil sind und schon von unangenehmem Licht total gestresst werden. Einige Kinder sind regulationsstark und können Gefühle selbst runterkochen, andere können immerhin gut signalisieren, dass sie dabei Hilfe benötigen. Und wieder andere sind überfordert und misstrauisch, wollen oder können keine Unterstützung annehmen und brauchen lange, um aus einem überfordernden Gefühl herauszufinden. Viele Kinder sind neugierig und aufgeschlossen, andere eher zurückhaltend. Und, und, und.

All diese unterschiedlichen Merkmale in ihren verschiedenen Kombinationen kommen mit steigendem Alter der Kinder und im wachsenden Zusammenspiel mit der Welt immer deutlicher hervor. Es ist daher ganz klar, dass unsere Kinder am Ende des ersten Lebensjahres in diesem Bereich nicht alle komplett gleich sein können. Irgendwo auf dieser großen Palette findest du auch dein Baby. Immer besser kannst du sein Wesen erfassen und begleiten: Braucht es Hilfe, um Reize zu dosieren? Braucht es viel Abwechslung? Braucht es viel Nähe? Braucht es viel Freiheit? Braucht es seine Zeit, um in Situationen und Emotionen anzukommen?

Du bist dabei, das sicherer herauszufinden, und darfst anderen das Wesen deines Babys gerne „übersetzen", damit sie wissen, wen sie da vor sich haben und wegkommen von der Idee *„In dem Alter muss man aber XY können."*

Sozial sein

In diesem sozialen Miteinander mit dir als enger Bezugsperson lernt dein Baby so vieles und eben auch die ersten „sozialen Regeln". Ganz schlicht: Handlungen, bei denen andere Personen oder ihre Gegenstände involviert sind, unterliegen Regeln. Mama mag nicht, wenn man die Stühle anleckt, Papa nicht, wenn die Plastikdosen 22 Stufen im Treppenhaus runtergeworfen werden. Oma Gertrud mag nicht, wenn man auf ihrem Sofa springt, bei Onkel Ferdi ist das kein Problem. Der große Bruder mag keine Raufereien, die Katze lässt sich unproblematisch am Schwanz ziehen.

Die Welt ist ganz schön kompliziert. Dein Baby zieht los und erkundet sie, ohne dass es weiß, was okay ist (und für wen) und was nicht.

Aber kurz vor dem ersten Geburtstag spürt es häufiger, wo Grenzen sind. Dann fühlt es sich unsicher, vielleicht überfordert, ängstlich, angespannt oder sogar wütend – und braucht wieder Begleitung.

Aber nochmal einen Schritt zurück, denn nicht nur Trost und Erklärung benötigt Begleitung. Schon das Handeln selbst findet vom Kind aus oft sozial, im Miteinander statt. Mit einem Blick zu dir prüft es schon mittendrin, ob sein Tun okay oder ob der ausgewählte Gegenstand gefahrlos ist: *„Darf ich das?“* Das ist nie ein frecher Blick, sondern immer ein sozialer. Also nimm ihn als Frage, nicht als Provokation.

Konflikte

Auch wenn dir das gelingt, sogt vielleicht deine Antwort für Sprengstoff, wenn dein Kind diese kaum aushalten kann: Ein Nein. Aber dein Kind fühlt ein Ja! *„Das ist so spannend. Das will ich unbedingt anfassen.“* oder *„Das ist meins. Ich lass nicht los!“* können euch zu vermeintlichen Gegner*innen machen. Vielleicht protestiert dein Baby sogar lautstark und vehement, beißt auch noch. Das kann ganz schön erschrecken und dir ungute Gefühle machen. Aggressionen wecken sofort Ängste und den Wunsch, sie umgehend abzustellen, und doch sind sie ganz natürlich. Sie stecken in uns allen. Anspannung muss raus.

Dein Job ist nicht, Konflikte zu vermeiden, die an so einen Punkt führen, und nicht, sie sofort zu beenden. Du solltest …

- … überlegen, ob du bei deiner Position bleiben musst oder ob eine Lösung möglich ist, die eher dem Wunsch deines Kindes entspricht.
- … dann zu deiner Entscheidung stehen, aber sie deinem Kind zugewandt begleitend zumuten: *„Das geht auf gar keinen Fall. Ich weiß, dass dich das wütend macht. Diese Wut kannst du gerne mit mir rauslassen.“* Das kannst du formulieren oder auch einfach nur zeigen.

Vielleicht findet ihr einen Kompromiss. Nach einem solchen zu suchen, haben schon unsere Babys verdient. Vielleicht findet ihr auch einen guten Weg, die Gefühle rasch zu regulieren, was im ersten Lebensjahr noch oft gelingen kann. Aber wahrscheinlich habt ihr immer mal wieder Momente, wo es dir im Grunde fast weh tut, eine Grenze aufzuzeigen. Das ist normal. Doch du bist eine feinfühlige Begleitung, ihr seid in guter Beziehung: Dein Kind hält das aus und braucht dich sogar, um zu lernen, was es darf und wie es mit möglichem Frust zurechtkommt.

Gefühle ohne Worte

Schwierig ist in diesem Alter, dass die Sprache noch größtenteils fehlt. Besonders die Gefühlsverarbeitung ist daher immer noch (und noch eine ganze Weile) herausfordernd. Du wirst dein Kind oft missverstehen, es wird sich missverstanden fühlen. Babyzeichensprache kann auch hier eine Hilfe sein. Mit Buch oder Kurs könnt ihr auch jetzt noch starten. Und lass du dich trotzdem nicht ausbremsen, wenn du viel mit ihm sprichst („*Was textest du denn dein Kind so zu?*"). Auch wenn viele Begriffe oder gar verschachtelte Sätze natürlich noch nicht verstanden werden können, so spürt dein Kind trotzdem deine Feinfühligkeit, deine Zugewandtheit und deine Intention.

Ein eigenes Baby

Manche Kinder mögen das Soziale jetzt so sehr, dass sie sich darüber freuen, wenn sie auch jemanden haben, um den sie sich so kümmern können, wie du es tust. Eine erste Puppe oder ein Plüschtier sind nun für etliche Kinder ein geeignetes Spielzeug. Füttern, streicheln, trösten, umsorgen – auch hier macht dein Baby dich nach und übt dabei euer Miteinander in einer neuen Verbindung. Dabei siehst du wahrscheinlich, wie viel es sich schon mitgenommen hat aus dem Umgang mit dir und was für ein empathisches Wesen schon in solch einem jungen Kind stecken kann. Hat es sein Herz an ein Püppchen oder ein Kuscheltier verloren, dann muss es mit, überall hin. Allein bleiben ist keine Option. Wie viel Wärme steckt darin!

Eine Puppentrage ist übrigens eine gute Möglichkeit, das „Baby" nicht irgendwo liegen zu lassen und unterwegs die Hände frei zu haben.

Was kannst du noch tun?

Deine Aufgabe rund um die kindlichen Gefühle ist also immer mehr, ihr Aufkommen unterstützend zu gestalten:

- Welches Wesen hat dein Kind und was braucht es von dir? Je nach Wesensart sind seine Bedürfnisse sehr unterschiedlich. Verurteile es nicht und verbitte dir falsch negative Einschätzungen. Kein Baby ist ein Diktator und braucht hartes Eingreifen!
- Welche Mittel helfen ihm beim Regulieren und Entspannen?
- Wie kannst du dem Umfeld mitgeben, was es spürt und was es von anderen braucht? Du bist hier Übersetzungshilfe, besonders wenn dein Kind sehr ge- oder enthemmt auftritt, also sehr zurückhaltend oder sehr distanzlos erscheint.

Damit dein Kind sich gut wahrnehmen kann, kannst du mit ihm immer wieder bewusst seine Sinne nutzen: fühlen, schmecken, riechen, tasten, hören. Je besser der Zugang hier ist, desto leichter wird es deinem Kind nach und nach fallen, rechtzeitig wahrzunehmen, ob es eine heiße Stirn, kalte Hände, zappelnde Beine oder Aufregung, Ärger, Vorfreude und, und, und spürt.

Für euer gutes Miteinander und eine sichere Bindung ist es wichtig, dass du oft eine gute Balance hinbekommst zwischen angebotener Nähe und ermutigendem Loslassen. Das ist manchmal gar nicht so leicht für junge Eltern. Wann passt man zu sehr auf und wann bietet man zu wenig Unterstützung an? Muss der Tisch mit den gefährlichen Kanten aus dem Wohnzimmer? Besucht man die Großeltern am nächsten Wochenende wieder, obwohl das Kind so fremdelt?

Es gibt viele Fragen in dem Bereich und es gibt nicht immer glasklare Antworten. Wenn du eine Entscheidung triffst, die am Ende doch zu Stress oder gar einer Verletzung führt, heißt es trotzdem nicht, dass die Entscheidung falsch war oder dass die andere Wahl klüger gewesen wäre. Nimm dir als Richtschnur folgendes mit:

- Du verwöhnst dein Kind ungut, wenn du dauerhaft und ständig Entscheidungen triffst, die es in seinem Fortkommen und Wachsen behindern.
- Andererseits bist du zu hart zu deinem Kind, wenn du in entscheidenden Momenten ständig aus dem Miteinander gehst, innerlich kühl und abweisend wirst, nicht mehr mitfühlen kannst.

Passiert etwas davon ab und an, geht es dir wie Millionen anderer Eltern auch: Das ist ganz normal. Nur zur Regel sollte ein solcher Umgang miteinander nicht werden. (Mein Buch „Nicht zu streng, nicht zu eng“ kann dir auf diesem Weg Sicherheit und Klarheit geben.)

Bewegen und Entdecken

Die Bandbreite der motorischen Fähigkeiten ist jetzt so groß wie nie zuvor im ersten Lebensjahr: Ein Kind liegt immer noch gern viel am Boden, guckt vielleicht Bücher, Bauklötze oder seine großen Geschwisterkinder an und trainiert seine Feinmotorik Finger für Finger, ein anderes läuft unter Umständen schon längst frei. Gemütlich ist immer noch total okay. Gute kinderärztliche Blicke sagen dir, ob etwas Sorgen machen sollte – nicht der Vergleich mit Gleichaltrigen. Je nachdem, wo auf dieser breiten Skala dein Kind anzutreffen ist, findest du im Folgenden viel Wissen und Anregungen oder kannst zur Sicherheit nochmal einen Blick zurück ins vorherige Kapitel werfen.

Was kann dein Baby schon?

Liegen und Sitzen

Vielleicht kann dein Kind schon sitzen und das ging schneller als du gucken konntest. Eventuell übt es das aber auch gerade erst intensiv, weil die Rückenmuskulatur nun endlich stark genug ist. Dass Kinder das Hinsetzen ganz unterschiedlich lernen, zum Beispiel aus dem Liegen heraus über die Seite oder aus dem Krabbeln zurück nach hinten, hast du schon erfahren. Diese Abläufe können jetzt erst starten oder auch nach einer Pause neu interessant werden. Am Ende hast du ein sitzendes Kind, das meist sehr glücklich über diese neue Perspektive ist und seine freien Hände genießt. Kein Abstützen mehr nötig! Richte gern an vielen Stellen zu Hause kleine Bücherboxen ein, damit dein Kind pausieren und sitzend „lesen" kann.

Aufrichten und Stehen

Auch das Stehen kann jetzt schon super funktionieren oder aber erst neu oder wieder starten. Dein Baby zieht sich mit Hilfe seiner Hände und Arme an allem hoch, was sich dafür anbietet, steht auf und hält sich fest. Zunächst benötigt es noch beide Hände, bald nur noch eine. Du kannst ihm dann immer mal etwas Spannendes anbieten und schauen, ob es schon einhändig gelingt.

Die Füße setzen viele Kinder erst einmal gar nicht sinnvoll auf der ganzen Trittfläche auf, sondern eher instabil nur auf den Seiten oder Zehen. Auch das ist nicht ungewöhnlich. Du kannst dein Kind dafür sensibilisieren, dass es auf dem ganzen Fuß sicherer steht, indem du den Fuß mit deiner Hand berührst und sanft ganz auf den Boden drückst, aber eigentlich wird es das auch bald allein merken.

Barfuß, barfuß, barfuß! Wann immer du dein Kind ohne Socken, Strumpfhose oder gar Schuhe lassen kannst, gönn ihm diese Möglichkeit, richtig gut zu spüren, was seine Füße können und wie sie sich beim Krabbeln, Hinstellen oder Laufen Halt verschaffen. Stulpen oder Leggings geben ausreichend Wärme.

Das Stehen kann ganz schön anstrengend sein, und während sie erst begeistert sind, beginnen manche Babys in dieser Position plötzlich unerwartet zu meckern. Was ist da los? Die Beinkontrolle gelingt noch nicht so recht. Dein Kind kann seine Beine nicht gezielt beugen, um aus der aufrechten Position wieder auf den Boden zu kommen. Es jammert deshalb oder lässt sich sogar los und fällt um. Das gehört leider wieder zum Lernen dazu.

SPIELERISCH HELFEN

Wenn du magst, spiel Kuckuck mit deinem Baby dort, wo es steht, damit es über die Oberfläche schauen muss, an der es sich festhält, und dann im Wechsel darunter, wenn möglich. Auch unterschiedliche Höhen zum Festhalten sind ein gutes Lernfeld für Kniebeugen. Dabei kann dein Kind nach und nach üben, seine Beine gezielt zu beugen, und merken, dass das Knicken hilfreich ist. So wird es immer sicherer allein zurück auf den Boden kommen. Die Zeit, in der Unfälle passieren, ist zum Glück meist nur kurz.

O- oder X-Beine sind in dieser Phase übrigens ebenso bedenkenlos wie die meisten Fußstellungen. Wenn du unsicher bist, frag in der kinderärztlichen Praxis nach.

Freistehen, also beide Hände nach dem Hochziehen loszulassen, ist wie das Laufen manchen Kindern schon mit acht oder neun Monaten möglich, anderen erst Mitte des zweiten Lebensjahres. Dein Kind schafft das irgendwann ganz allein, wenn es ausreichend geübt hat und gestärkt ist. Nicht zu rutschige Böden und nackte Füßchen sind hilfreich.

Laufen

Manchmal denkt man wirklich, dass es in der nächsten Woche dringend Zeit wird für die ersten Schuhe, damit das Kind auch draußen laufen kann. Und dann braucht es doch noch Monate, bis es wirklich so weit ist. Denn Laufen ist ein komplexer Vorgang. Wille, Kraft, Muskeln (an Beinen, Nacken und Rücken), Gleichgewichtsgefühl – da muss alles passen, damit es losgehen kann.

Knapp über die Hälfte aller Kinder können an ihrem ersten Geburtstag bereits laufen, viele aber eben auch noch nicht. Manchmal dauert es sogar fast bis zum Ende des zweiten Lebensjahres. Auch hierbei braucht dein Kind nicht viel außer Gelegenheiten und Begleitung.

Zunächst wird es sich an Möbeln und Ähnlichem entlang hangeln, dann wahrscheinlich deine Hände einfordern. Achte darauf, deine Bauchmuskeln anzuspannen, wenn du dein Kind hältst, damit du nicht mit Rückenschmerzen aus dieser Phase gehst. Und auch hier kannst du ab und an testen, ob die kindliche Muskulatur schon so stark ist, dass dein Baby nur noch eine Hand zum Festhalten benötigt.

Je früher ein Kind laufen lernt, desto herausfordernder ist das oft für die Eltern, denn mit jedem weiteren Monat, den es sich Zeit lässt, reift es geistig und versteht eher, wo gefährliche Stellen sind. Ändern kann man natürlich nichts am Tempo, nur annehmen.

Feinmotorik und Gestik

Etwa am Ende des ersten Lebensjahres sollte dein Kind den Zangengriff beherrschen, bei dem es dann nur noch den Daumen und einen Finger einsetzt und sie eben wie eine Zange verwendet, um zum Beispiel ein Seil zu fassen oder einen Krümel aufzuheben (und in den Mund zu stecken). Die Finger sind nun nicht mehr gestreckt wie beim Scheren- oder Pinzettengriff, sondern gebeugt, und dein Kind nutzt eher die Fingerspitzen, anstatt die ganzen obersten Fingergelenke. Rosinen sind jetzt ein tolles, essbares Spielzeug.

Da dein Kind sitzen oder knien kann, sind immer öfter beide Hände frei und werden eindeutiger gemeinsam, aber längst nicht mehr symmetrisch eingesetzt. Jede Hand handelt für sich. Sie erkunden die Gegenstände, die dein Kind findet, aber es benutzt sie auch so, zum Beispiel zum Klatschen. Zunächst passiert das eher in Zeitlupe und vermeintlich zufällig, so langsam führt dein Kind seine Hände zusammen. Doch dann geschieht das immer gekonnter und in schnelleren Abfolgen.

Los- und Runterfallenlassen bleibt weiterhin für viele Kinder fürchterlich spannend, aber noch feinere Bewegungen werden wichtiger. Dinge befummeln und auseinandernehmen, schlichte Musikinstrumente nutzen oder Sachen schütten, sortieren und gießen sind jetzt gute Spielmöglichkeiten, um die Feinmotorik zu verbessern. Vielleicht mag dein Baby auch eine Handpuppe mit Holzobst oder großen Kugeln füttern?

HÄNDE

Überlass deinem Kind Wäscheklammern oder lass es Klebebandstücke vom Boden abknibbeln (nur bitte nicht allein – es besteht Verschluckungsgefahr). Steckt zusammen Halme und Löffel in Dosen und Netze. Bastle einen Briefkasten und lass dein Kind Dinge einwerfen. Quetscht Schwämme, werft Sachen in die Luft oder über eine Schnur. Zerknüllt gemeinsam Papier zu Schneebällen oder deckt euch mit großen Bögen zu. Lass dein Kind die Klammern an der Wäscheleine lösen und Sachen abnehmen. Falls du etwas anschaffen oder für dein Kind zum ersten Geburtstag wünschen möchtest, denke an eine Motorikschleife oder die erste stabile Kugelbahn. Die kleinen Hände können schon ganz schön viel tun.

Oft bleibt der Mund im Grunde die dritte Hand: Lippen und Zunge erkunden die Welt immer noch mit. Das ist vollkommen normal und dauert bei vielen Kindern bis etwa zur Mitte des zweiten Lebensjahres.

Grobmotorik und Klettern

Auch der ganze Körper will weiterhin trainiert werden. Das beste Klettergerüst bleibst du, denn du kannst interagieren, eine Hand reichen und ein Bein in eine leichtere oder schwierige Position bringen. Aber du darfst dich auch mal auswechseln lassen und deinem Kind ein nicht-menschliches Klettergestell anbieten. Vor dem ersten Geburtstag sind seine Entwicklungsaufgaben nun vor allem noch, Balance zu halten und Muskeln zu stärken, sowie sich aufzurichten und noch weiter in die Höhe zu kommen. Vielleicht wird dein Kind schon jetzt frei laufen. Die Möbel zu Hause und die Kletterplattformen am Spielplatz sind wunderbare Orte dafür. Aber eine große Waschschüssel, ein Getränkekasten, die kleine Trittleiter, ein leicht schiebbarer Hocker, ein mit Ballons gefüllter Bettbezug und ein Deckenhaufen laden genauso zu Kletter-, Steh- oder Gehübungen ein.

Als Extraanschaffungen wird dein Kind sich wahrscheinlich über ein Trapez zum Klettern, einen Lauflernwagen, eine erste kleine Rutsche, ein Hüpfpolster, ein erstes Fahrzeug (gerne mit Anhänger für Transportierspiele), Schaukel- oder Hopsetiere freuen. Notwendig ist jedoch nichts davon für die motorische Entwicklung.

Was kannst du noch tun?

Wichtiger als teure Helferlein bist und bleibst du in deiner begleitenden Rolle: Sei eng dabei, wenn dein Kind die Welt mehr und mehr erobert. Motiviere es, wenn es scheitert oder hinfällt. Tröste und zeige, wie es anders gehen kann.

Du kannst auch Parcours bauen, die immer mal eine neue Herausforderung beinhalten. Und wenn du irgendwo die Möglichkeit hast, bau deinem Kind zum Beispiel an einer Treppe einen Ort, an dem es Dinge herunterwerfen, aber mit Bändern wieder selbst hochziehen kann. Verbinde also seine Interessen und Entwicklungsbereiche mit Möglichkeiten, wie es sich oft auch mal selbst helfen kann.

Sorge für Ortswechsel, allein dadurch, dass ihr viel nach draußen geht. Mit Matschkleidung – sogar für die Füße, wenn noch keine Schuhe angesagt sind – geht das bei jedem Wetter. Außerhalb von Räumen zu sein, wird jetzt immer wichtiger für dein Kind, denn die Weite sorgt oftmals für innere Leichtigkeit und Entspannung.

Natürlich darfst du auch Kurse buchen, wenn du Spaß an organisierten Gruppen hast. Turnen, Singen, Musizieren, Entdecken – da ist einiges möglich und in deiner Begleitung wird dein Kind sicher aus jeder Aktivität etwas Schönes ziehen können. Besonders empfehlenswert ist psychomotorisches Turnen: Diese Angebote finden oft in besonderen Hallen und mit ausgefallenen Materialien und Ideen statt und regen dein Kind auf vielfältige Weise an, seinen Körper zu entdecken und zu trainieren, aber auch soziales Miteinander zu üben.

SCHUHE

Wenn dein Kind einige Wochen das freie Laufen geübt hat, wirst du rasch sehen, wie es immer sicherer wird. Dann kann es auch bedenkenlos draußen losmarschieren und benötigt in der Regel seine ersten Schuhe. Indoor solltet ihr beim Barfußlaufen bleiben und im Hochsommer mag es hier und da auch draußen gut ohne Schuhe gehen, aber die Babyhaut unter der Fußsohle ist empfindlich. Sei vorsichtig. Bevor du das schönste Modell kaufst, lass dich gut beraten und die Füße professionell vermessen.

Spielerisch durch den Alltag

„Miteinander" ist dein Schlüsselwort. Dein Kind ist nun schon bald ein ganzes Jahr in deinem Leben. Vieles hat sich eingespielt, vieles verändert sich aber auch ständig wieder, weil dein Baby reift und andere Lerngelegenheiten benötigt. Was bleibt ist das Bedürfnis nach Gemeinsamkeit. Dein Baby ist und bleibt ein soziales Wesen. Es braucht dich zum Spielen und möchte ansonsten einfach nur dabei sein, egal was du tust. Ein Lernturm ermöglicht das in der Küche, ein eigenes kleines Waschbecken (über den Badewannenrand geklemmt oder in die Sitzfläche eines alten Stuhls gebaut) erleichtert es im Bad.

Deine Einstellung begünstigt das ebenso: Mach dich möglichst oft frei von dem Gedanken, erst etwas schnell erledigen zu wollen, um dann Zeit für dein Kind zu haben. Das geht allzu oft nach hinten los, denn dein Kind fühlt sich nicht gesehen und du wirst nicht fertig. Ja, es dauert länger, wenn wir die kleinen Mäuse in unser Tun miteinbeziehen, aber es verbindet, es erleichtert, es begeistert auch sehr oft.

Geht miteinander durch den Alltag, wann immer es möglich ist. Das wird auch in den kommenden Jahren ein guter Weg sein.

Tempo

Miteinander durch den Alltag außerhalb der eigenen vier Wände zu gehen, bekommt eine andere Qualität, wenn dein Kind aufgerichtet und selbständig unterwegs sein kann und mag. Autofahren und Sitzen im Buggy ist oftmals nicht das, was dein fittes, waches Kind will. Es will den Weg selbst gehen. Egal ob dein Baby schon allein laufen kann, sich unterwegs noch an dir oder am Buggy festhalten muss oder in der Matschhose ein Stück des Weges krabbelt: Das dauert! „Spazieren stehen“ sagen viele Eltern und das beschreibt es ziemlich gut. Auch hier geht es nicht darum, schnell etwas zu schaffen, sondern miteinander den Moment zu erleben. Schnell etwas zu kochen oder zu putzen ist nicht das, was dein Kind braucht, sondern Nudelpäckchen schütteln, die Besen und Lappen befühlen oder Wasser auf den Fliesen verteilen. Und rasch zum Supermarkt zu eilen, ist auch oft nicht das, was es möchte, sondern unterwegs die Gänseblümchen anschauen und die Nase an alle Scheiben der Bäckerei drücken. Alltag mit kleinen Kindern kann man im Grunde nur entschleunigt denken. Natürlich funktioniert das nicht immer, aber jedes Bisschen, **dass du so gestalten kannst, entspannt dein Kind.**

WASSER

Wasser sollte nicht nur Lebensmittel Nummer eins für dein Kind sein, sondern ist vor allem auch ein wichtiges Spielzeug. Zu Hause und draußen. Gießen, planschen, sich selbst waschen, etwas anderes sauber machen – es gibt viele Möglichkeiten, dieses günstige Spielzeug einzusetzen. Eine kleine Gießkanne, Kunststoffgeschirr, Flaschen zum Befüllen und Entleeren, sind Hilfsmittel, die fast allen Kindern Spaß machen. Mit der richtigen Kleidung kann sich dein Baby auch mal in eine Pfütze setzen. Es erlebt dabei die Eigenschaften von Flüssigkeiten, aber auch was es selbst schon ohne Hilfe leisten kann. In sauberem Wasser kann es auch mal etwas trinken, wenn die Zeit am Esstisch einfach zu langweilig dazu ist. So simpel, so gut.

Wetter

Damit spazieren stehen bei jeder Wetterlage klappt, denke an passende Kleidung und eventuell auch schon Sonnenschutz für dein Kind und habe unbedingt immer etwas zu Essen und zu Trinken dabei. Vergiss dabei dich nicht. Das passiert jungen Eltern nämlich ganz schnell: drei Sonnenhütchen zur Auswahl dabei, die Dinkelstangen und das Wasserfläschchen fürs Kind, aber sie selbst holen sich einen Sonnenbrand und essen mit knurrendem Magen die Dinkelstangenkrümel.

Auch daraus kannst du schon etwas Wichtiges mitnehmen fürs weitere Elternsein. Die Familie kann nur funktionieren, wenn es auch dir gut geht. Du kannst nur geben, wenn du auch auf dich achtest. Der große Wunsch nach Bindungs- und Beziehungsorientierung lässt einen manchmal zu sehr das Kind und seine Bedürfnisse sehen und zu wenig die eigenen. Aber wenn dein Akku leer ist, kannst du auch den deines Kindes nicht mehr füllen. Einer der Ratgeber im Literaturverzeichnis zum Thema „Mütterfürsorge, Vereinbarkeit und Partnerschaft“ wird dir sicher dabei helfen.

Rosa und Hellblau

Im Grunde merkt man es schon nach der Geburt, aber mit der Zeit wird es immer schwieriger Geschlechterklischees aus dem Weg zu gehen. Noch hat dein Kind hier vermutlich wenig deutliche Wünsche nach Rosa oder Hellblau, nach nur Puppen oder nur Autos. Je offener du hier sein kannst, egal ob es um Farben, Kleidungsstil, Spielzeuge oder Tätigkeiten geht, desto besser für dein Kind: Es bekommt die freie Wahl. Nimm es mit in einen Alltag voller Möglichkeiten.

Du begleitest dein Baby in die erste Selbständigkeit

Weniger ist mehr. Du musst auf dem riesigen Babymarkt nicht in jede Verkaufsfalle tappen. Ihr habt so viele Entwicklungschancen und spannende Dinge im Alltag. Dein Kind hat in seinen ersten Lebensmonaten schon unglaublich viel gelernt, und doch ist das erst der Anfang seines Weges. Mit deiner Begleitung schenkst du ihm Urvertrauen, die Gewissheit von Nähe und Liebe, und damit gleichzeitig die Basis für Selbständigkeit und Lernen, denn das geht mit innerer Sicherheit am besten.

Sein Lernen und Reifen hat noch ganz viel mit Handeln und Bewegung zu tun. Du hast ja schon gesehen, dass das mal mit dem ganzen Körper geschieht und mal viel feiner. Dein Baby will immer etwas besser können und immer öfter auch allein. Aber doch bitte irgendwie auch mit dir.

Der Bereich Fortbewegung ist hier neben dem Essen oder dem Waschen noch gut geeignet, um die motorische Entwicklung zusammen mit der Selbständigkeit zu stärken. Mit einem Rollbrett oder auch einem zusätzlich darauf festgeschnürten Wäschekorb habt ihr ein einfaches Transportmittel für zu Hause, indem du dein Kind fahren kannst, aber das es selbst auch nutzen kann; als Lauflernhilfe, als Transportmittel oder als Auto für seine Puppe oder Ähnliches. Für draußen darf es gern ein simpler Puppenbuggy sein, indem aber natürlich auch ein Apfel oder ein Bagger mitfahren können.

An dich denken

Ein Jahr wie kein zweites ist bald vorbei. Du hast den Fokus natürlich sehr auf dein Kind gerichtet. Schon in der Schwangerschaft brachte jede Woche Fortschritte und seit der Geburt kannst du jeden Monat sehen, welche Meilensteine dein Baby meistert. Da weißt du jetzt bestens Bescheid: Was kommt? Was kann dein Baby? Was braucht es von dir?

Ich habe auch immer wieder den Blick darauf gelenkt, was du brauchst und fühlst. Das solltest du beibehalten und wir checken das jetzt nochmal.

Du nimmst dir Zeit, genau hinzuschauen

Wie kommst du zurecht mit dem wachsenden „Dickkopf" deines Kindes (der gar kein Dickkopf ist, sondern einfach aus eurer engen Verbindung heraus wächst und nun stark auf es selbst gerichtet ist)? Wie gut überstehst du Konfliktsituationen mit deinem Gerade-noch-so-Baby? Wie kommst du klar in deiner Partnerschaft und mit dir selbst, mit Freundschaften, Leidenschaften, Job und Gesundheit?

Wie sehr spielen inzwischen Sätze und Ereignisse aus deiner eigenen Kindheit eine Rolle im Miteinander mit deinem Kind? Wie ist das Miteinander mit deinen eigenen Eltern jetzt? Wo spürst du Überforderung oder gar Schuld? Was löst in dir aus, dass du manchmal gern weglaufen oder die Zeit zurückdrehen möchtest?

Aber auch: Was gelingt dir richtig gut? Was fällt dir leicht? Was fühlt sich stimmig an? Wo empfindest du dich als starkes Elternteil? Was ist in deiner partnerschaftlichen Verbindung besser geworden?

Das sind alles Fragen, die für viele Menschen groß und größer werden, wenn ihr Baby heranwächst. Nimm dir Zeit dafür, dich in kleinen Schritten mit ihnen zu befassen. Denn zum Prozess des Elternwerdens nach der Geburt eines Kindes gehört immer auch viel Nachdenken. Über dich und über dein Umfeld. Nicht nur über die nächste Glanzleistung des Nachwuchses.

Du planst familienergänzende Betreuung

Für viele Kinder startet nun (bald) die erste Eingewöhnung in die Betreuung außerhalb der Familie. Auch dabei darfst du an dich und ans Kind denken. Es kann sein, dass für dich die Entlastung unheimlich wichtig ist, egal ob du außer Haus oder daheim arbeiten wirst oder auch einfach nur etwas mehr Pausen brauchst. Es kann auch gut sein, dass der neue Teil des Alltags für dein Kind sehr wichtig und genussvoll werden wird, weil es den Wechsel, den Input, die neuen Beziehungen und Reize liebt.

Also startet damit, wenn es sich richtig anfühlt – angemeldet seit ihr vermutlich schon längst. Dein Kind kann in eine Kita gehen, zu einer Tagesmutter oder einem Tagesvater, in eine Tagespflege mit mehreren erwachsenen Betreuungspersonen oder eventuell reicht auch nur ein Babysitter oder eine Babysitterin, der oder die euch zu Hause im Alltag unterstützt.

Zu dem Thema gibt es geradezu ideologische Grabenkämpfe. Aus beziehungsorientierter Sicht ist das nicht notwendig, denn in die Gruppe der Bezugspersonen eines Kindes passen mehr Menschen als nur einer oder zwei. Sie müssen auch nicht verwandt sein mit dem Kind, sondern vor allem feinfühlig und sich mit Zeit Zutritt zu seinem Herzen verschaffen.

Informiere dich über liebevolle Eingewöhnungen, hilfreiche Rituale, Do's und Dont's, und wenn es schwierige Zeiten gibt, geh in kleinen Schritten voran. Natürlich ist das Wohlergehen deines Kindes das Wichtigste, aber auch du, deine Partnerschaft genauso wie die Arbeit, mit der du dein Geld verdienst, sind wichtig. Hier hilft nie ein schlechtes Gewissen. Gehe die Probleme an, versuche sie zu lösen, wenn beispielsweise die Eingewöhnung euch schwerfällt oder es Konflikte mit dem Betreuungspersonal gibt.

Du bist beziehungsstark

Du willst beziehungsstark mit den Herausforderungen in deiner Elternrolle umgehen. Dann nimm dir diese Quintessenz mit:

- **Aktives Annehmen:** Erinnere dich an diesen Blick auf euren Alltag! Nimm erst einmal an, dass die Situation ist, wie sie ist, anstatt sofort mit Pessimismus und Wut in ein Thema einzusteigen. Rechne damit, dass es schwierig wird. Das Kind hat einen für dich herausfordernden Charakter? Du kannst dies oder jenes nicht so gut begleiten, wie du es dir wünschen würdest? Vorwürfe und Leiden helfen nicht. Nimm es an, aber werde im nächsten Schritt aktiv. Was musst du wissen? Was solltest du lernen? Was oder wer könnte euch noch helfen?

- **Zugewandtes Zumuten**: Bleib liebevoll mit deinem Kind, wann immer du es schaffen kannst. Bezieh es in alles mit ein, gönne ihm Herausforderungen, schenke ihm Lernchancen, anstatt ihm alle Hindernisse aus dem Weg zu räumen. Begleite dein Kind auf dem Weg hin zu eigener Bewältigungskraft. Mute ihm zugewandt kleine Hürden zu.

Das ist ein sehr beziehungsorientiertes Miteinander und besonders förderlich für eine gute Eltern-Kind-Beziehung und eine gesunde Entwicklung deines Kindes.

Du verbindest dich bewusst mit deinem Kind

Verbindung geschieht in der Familie jeden Tag etliche Male. Bewusst kannst du dich immer zusätzlich über Berührungen verbinden. Baut Massage- und Kitzelspiele in den Tag ein. Bereite ein Körbchen vor, in dem weiche Tücher, Bürsten und mehr zu finden sind, die ihr beide verwenden könnt, um euch gegenseitig damit zu berühren, auch wenn dein Kind vielleicht noch ein bisschen grob damit umgeht. Fühlt euch und lacht miteinander.

Hast du zu Beginn des ersten Lebensjahres einen Brief an dein Kind geschrieben, wie es im ersten Kapitel vorgeschlagen war? Falls ja, kannst du ihn jetzt nochmal ergänzen, und falls nein, kannst du das immer noch nachholen. Das macht dir bewusster, wie es euch gerade geht, welcher Mensch da in dein Leben getreten ist und in welche Richtung euer gemeinsamer Weg weitergehen soll. Das Schreiben verbindet dich noch mal stärker mit deinem Kind. Und wenn es eines Tages deine Worte selbst lesen kann, wird ihm das ganz sicher viel bedeuten.

- Notiere, welchen Menschen du in deinem Kind wahrnimmst.
- Bilde ab, was du bewunderst, was dich zum Lachen bringt, was dich an dir zweifeln lässt, was ihr zusammen schon gemeistert habt und was ihr vielleicht noch schaffen müsst.
- Formuliere (nochmals) was du dir nach der Rückschau auf das erste Lebensjahr deines Kindes für seinen Weg und auch für deine Art der Begleitung wüschst, welche Ziele du vielleicht hast.
- Klebe oder schreibe Erinnerungen dazu, gerne mit Datum: Welche Worte, Gesten beherrscht dein Kind aktuell? Welche Vorlieben hat es? Welche Fotos magst du besonders?

Wenn du ein Jahr später in solch einen Brief schaust, wirst du merken, wie viel von den Eintragungen du schon vergessen hast. Auch Dinge, von denen du gedacht hast, sie hätten sich wirklich tief in dein Hirn und dein Herz gegraben. Das ist ganz normal, denn es passiert so unfassbar viel mit einem Kind und es ist alles so emotional und auch anstrengend. Darum lohnt sich jedes schriftliche Erinnern so, damit nicht alles verloren geht.

Halte immer mal inne und frage dich:

- Wie geht es mir?
- Welche Wünsche habe ich für mein Baby?
- Fühlen sich die Antworten gut an oder sollte ich jetzt etwas verändern?
- Wie war unser erstes Jahr?
- Was war mein Highlight?

Eure Reise durch das erste Jahr neigt sich dem Ende zu. Natürlich geht sie zum Glück noch weiter. Und weiter und weiter. Doch das erste Jahr bleibt ein ganz spezielles, das auch gefeiert werden darf!

Feiern – Der erste Geburtstag

Der erste Geburtstag ist immer ein besonderer, vor allem für uns Eltern. Die Kinder sehen vielleicht Girlanden, Päckchen, Kerzen und viele Verwandte, aber für uns Große bedeutet dieser Tag noch viel mehr. Er stellt einen Meilenstein dar. Was hat dein Kind alles geschafft? Was hast du alles geschafft? Wie sehr hat sich dein Leben verändert? Was lässt dich in der Rückschau lächeln? Wie unfassbar überwältigend sind diese Elterngefühle?

Heute darfst du melancholisch sein und heute darfst du auch hemmungslos lachen, deinem Kind Umarmungen und Küsse anbieten, Pläne schmieden für dich, für euch, für veränderte Nächte oder Tage oder auch einfach nur sein. Sitzen, genießen. Es ist auch dein erster Geburtstag als Elternteil. Du darfst dich ebenfalls feiern.

Was brauchst du dafür? Kerzen, Kuchen, Luftballons? Viele Kinder und einen Clown? Einen recht leeren Spielplatz und nur den Patenonkel? Die volle Ladung Verwandtschaft oder kleine Feiern an drei verschiedenen Tagen? Spätestens jetzt solltest du entscheiden, was ihr als Familie braucht. Auch an dieser Stelle darfst du zugewandt zumuten, nämlich gegebenenfalls Verwandten oder dem Freundeskreis erklären, dass deine Vorstellungen vielleicht nicht ihren entsprechen. Erwartungsdruck und Schuldgefühle sind keine guten Berater. Wenn du sie spürst, denke nochmal nach, ob deine Planung so klug ist. Planst du für euch oder für andere?

Was braucht dein Baby denn? Liebe. Dafür wie es ist. Zeit. Um mit dir und anderen in Beziehung zu sein. Geschenke? Klar, gern, aber auch hier können Regulationsschwäche und angeborene Wesensarten es erforderlich machen, dass du dein Umfeld etwas bremst.

Erwarte und plane nicht zu viel.
Dann wird es sicher ein besonderer Tag.

Neuanfang

Heute feiert ihr nicht nur, ihr verabschiedet auch. Die Babyzeit ist vorbei. Geschafft. Schade. Und schön. Denn das bedeutet ja auch, dass nun etwas anderes beginnt: Die Reise geht mit einem Kleinkind weiter.

Was steht an im zweiten Lebensjahr? Dein Baby wird weiter Fortschritte machen im Denken und Fühlen, in der Motorik und im Sprechen, im Miteinander und im Sichfinden. Oft steht nun nochmal eine Wonnephase an, denn dein Baby versteht dich und die Welt immer besser und hat Spaß an der Interaktion.

Und dann wirst du wahrscheinlich wieder Autonomiesbestrebungen feststellen. Den eigenen Willen deines Kindes kennenlernen, der so oft anders ist als deiner. Das wird anstrengend?! Das mag sein, ein Kind zu begleiten ist immer auch Herausforderung, nur stetig anders. Jede fordernde Zeit ist eine bedeutungsvolle, in der dein Kind nicht von dir weggeht, sondern zu sich hin.

NACHWORT

Jedes Baby ist anders. Wer mehrere Kinder oder Zwillinge hat, bekommt das hautnah mit. Darum ist es so wichtig, dass wir Eltern unsere Babys ohne Druck und ohne zu klare Erwartungen kennenlernen dürfen. Auch erwachsene Personen unterscheiden sich alle voneinander. Deshalb kann es keine Standardlösungen geben. Aber Wissen und innere Haltung sind die Hilfen, die jeder frisch gebackenen Eltern-Kind-Beziehung guttun.

Du hast nun viel erfahren über die kindliche Entwicklung im ersten Lebensjahr und konntest dich sicher in einer bindungsstarken Haltung einfinden. Unerbetenen Ratschlägen kannst du jetzt meistens ziemlich klar begegnen. Enge Zeitvorgaben zu Entwicklungsthemen müssen dich nicht mehr stressen und Vergleiche kannst du bestimmt meist bleiben lassen.

Ihr seid gemeinsam unterwegs gewesen und nicht nur dein Kind durfte lernen, sondern auch du. Auf diese Art wird es weitergehen, denn mit dem Elternwerden ist man nie so richtig fertig. Dennoch liegen jetzt ganz besondere zwölf Monate hinter dir, die in ihrer Intensität wahrscheinlich so nicht wiederkommen werden. Dein Abenteuer, eure Reise war voller Eindrücke, die im Grunde sicher mehr als zehn Bücher füllen könnten.

Du bist jetzt gut aufgestellt als zugewandtes, förderndes Elternteil und konntest hoffentlich Ängste ablegen vor den Schreckgespenstern, die andere malen (Kitaeingewöhnung! Autonomiephase! Pubertät!!). Ich wünsche dir, dass du weiterhin Lust und Kraft hast, dein Kind kennenzulernen und zu sehen, wer es wirklich ist. Und dass du es bindungsstark begleiten kannst.

Außerdem wünsche ich mir, dass du mit meiner Hilfe so leicht wie möglich ins Mutter- oder Vaterwerden gestartet bist. Ich hoffe, du magst auf dem bindungs- und beziehungsorientierten Weg bleiben, der hinschaut auf euch als Familie und auf jedes einzelne Familienmitglied – und nicht so sehr auf Forderungen und Maßstäbe von anderen. Bedürfnisse sind immer individuell verschieden. Nicht alle Kinder mögen das Familienbett, nicht alle Kinder brauchen viele Kontakte nach außen. Nicht alle Eltern finden langes Stillen gut, nicht alle möchten Schnuller nutzen und nicht alle Eltern können wilde Kinder ohne Hilfe begleiten. Und, und, und.

Den Fokus auf Bindung, Beziehung und Bedürfnisse zu legen, heißt nie, dass es klare Inhalte und To-dos gibt. Sondern nur, dass wir Großen uns um Feinfühligkeit bemühen, um sensibel zu erkennen, welche Bedürfnisse tatsächlich bei uns zu Hause existieren.

Du weißt viel und du bemühst dich. Das ist ein ziemlich gutes Fundament für eure Bindung.

Falls du weitere Inspiration suchst, lies im Blog unseres Netzwerks Bindungs(t)räume weiter:
https://bindungstraeume.de/category/blog/

DANKSAGUNG

Als mein erstes Buch erschien, haben mich viele gefragt, warum es kein Ratgeber zum Babyjahr sei, denn in dem Bereich habe ich lange intensiv gearbeitet. Doch mein Thema war nie einfach eine bestimmte Lebensspanne, sondern immer der Fokus auf Bindung und Beziehung sowie auf Entwicklungspsychologie. Das ist für Babys relevant und für Teenies immer noch. Und mein Blick ist auch die Alltagsnähe zusammen mit dem Verständnis der elterlichen, nicht nur der kindlichen, Bedürfnisse – auch das über alle kindlichen Altersspannen.

Diese Rundsicht muss raus in die Welt, in die Köpfe und Herzen von Eltern und allen Menschen, die mit Kindern zusammenkommen. Jetzt sind auch bei mir und humboldt endlich die Kleinsten dran!

Ich bin dankbar, dass ich so viele Babys fast von Anfang an und oft bis nach ihrem ersten Geburtstag begleiten durfte, um wirklich erfahren zu können, wie unterschiedlich sie die Welt erobern und was ihre Eltern umtreibt. Ich bin dankbar, dass ich mich zuvor im Studium intensiv mit jedem Lebensalter und allen Entwicklungsaufgaben von Kindern befassen durfte. Ich bin dankbar für meine eigenen drei gesunden, wunderbaren, sehr unterschiedlichen Kinder, die mich mitgenommen haben auf die Reise ins Elternwerden. Und ich bin dankbar für meine Kurseltern aus den vielen Babykursen, die mir so oft gezeigt haben, wie sinnvoll und hilfreich meine Arbeit mit ihnen für sie und ihre Babys ist.

Besonders möchte ich mich bei Lisa Casola, Nina Cramer, Melanie Frank, Carina und Joachim Gewehr, Anna John, Sabine Hannaske und Ludwig Risse bedanken, die für dieses Buch nochmal ihre Erinnerungen an meine Kurse herausgekramt haben. Ebenso geht mein Dank (mal wieder) an Kristina Alex, die für mich die Bezeichnung „Babyflüsterin" geprägt hat. Das hieß nie, dass ich in irgendeiner Art und Weise Babys dazu bringen konnte, dies oder jenes zu tun oder zu lassen, sondern nur dass ich mich stets gut einschwingen konnte auf die Art eines Babys. Ich bin dankbar für diese Feinfühligkeit, die mir meine Arbeit – auch mit größeren Kindern und mit Erwachsenen – möglich macht.

Des Weiteren danke ich Elena Schwarzer von wickelakrack.de für den beständigen Support, Yvonne, Basti und Fiete sowie Barbara und Poppy für Instant-Hilfe per WhatsApp-Videos. Und ich danke der #hannovercrowd einschließlich Mark und Melanie für 2.000.000 Dinge.

LITERATUR

Ernährung und Gesundheit

Fantl, Katharina / Litschko, Julia: Dein Kind isst besser, als du denkst! Warum Eltern dem inneren Ernährungskompass vertrauen können. Das confidimus-Prinzip. Kösel, 2021

Grams-Nobmann, Natalie: Was wirklich wirkt – Kompass durch die Welt der sanften Medizin. Aufbau, 2020

Hofner, Gerald / Schwarz, Stefan / Fernández Rodríguez, Silvia / Zwenzner, Kristin / Zeising, Maria: Was die Kinderärzte raten. Gesunde Entwicklung, typische Krankheiten, richtiges Verhalten in Notfällen. Alles, was du wissen musst – verständlich erklärt. Für Eltern von 0–6-jährigen Kindern. humboldt, 2022

Haltung finden

Hummel, Inke: Nicht zu streng, nicht zu eng. Dein sicherer Weg zwischen Schimpfen und falschem Verwöhnen. So wird dein Kind glücklich und befreit groß. humboldt, 2022

Imlau, Nora: Mein Familienkompass. Was brauch' ich und was brauchst du? Das Standardwerk für Eltern, die ihre Kinder liebevoll erziehen und trotzdem die eigenen Bedürfnisse leben wollen. Ullstein, 2020

Karr-Meng, Alexandra: Kinder achtsam erziehen. Wie Sie Wut, Streit und Geschrei aus dem Familienalltag verbannen. humboldt, 2018

Mierau, Susanne: Frei und unverbogen. Kinder ohne Druck begleiten und bedingungslos annehmen. Beltz, 2021

Nedebock, Ulla: Wie wir die Eltern werden, die wir sein wollen. Mit dem Kind wachsen. Gegenseitig vertrauen. Raus aus der „So wollte ich nie werden"-Falle! humboldt, 2021

Renz-Polster, Herbert: Erziehung prägt Gesinnung. Wie der weltweite Rechtsruck entstehen konnte – und wie wir ihn aufhalten können. Kösel, 2019

Mütterfürsorge, Vereinbarkeit und Partnerschaft

Grüling, Birk: Eltern als Team. Ideen eines Vaters für gelebte Vereinbarkeit. Kösel, 2021

Harmann, Lisa / Nachtheim, Katharina: Wow Mom. Der Mama-Mutmacher fürs erste Jahr mit Kind. Krüger, 2019

Imlau, Nora: In guten Händen. Wie wir ein starkes Bindungsnetz für unsere Kinder knüpfen. Ullstein, 2022

Liussi, Michèle / Spangler, Katharina: Die Klügere gibt ab. Verantwortung teilen, Erschöpfung vermeiden. Dein Weg zu mehr Mamafürsorge. humboldt, 2022

Liussi, Michèle / Spangler, Katharina: Täglich grüßt das Schuldgefühl. Wieso mit dem ersten Kind auch das schlechte Gewissen einzieht und wie du die negativen Gefühle loswirst. humboldt, 2022

Robles Salgado, Isabel / Zeisler, Marie: Fifty-fifty-Eltern. Raus aus der „Mama ist für alles da"-Falle. So gelingt euch die gleichberechtigte Elternschaft. Humboldt, 2021

Schmidt, Sascha: Wieder Paar sein. Erfüllte Zweisamkeit trotz Arbeit und Kind. humboldt, 2021

Schlafen

Bechmann, Caroline; Reimer, Dominique: Ich kann schon schlafen. Entspannte Nächte für dein Kind und dich. Bindungsorientierte Lösungen zum Ein- und Durchschlafen. Liebevolle Schlafbegleitung ohne Druck. humboldt, 2022

Pantley, Elizabeth: Schlafen statt Schreien. Das liebevolle Einschlafbuch. Trias, 3. Auflage, 2019

Plagge, Silke: Schlaf, mein Baby, schlaf. Entspannte Wege zu ruhigen Nächten. Dorling Kindersley, 2020

Renz-Polster, Herbert / Imlau, Nora: Schlaf gut, Baby! Der sanfte Weg zu ruhigen Nächten. GU, 7. Auflage, 2016

Sprechen und Kommunikation allgemein

Günster-Schöningh, Ursula: Jetzt lerne ich sprechen. Die Sprachentwicklung von Kindern verstehen und fördern. Duden, 2021

König, Viviane: Was dein Baby dir sagen möchte. Hunger, Bauchweh, Windel voll – Babylaute, Mimik und Gesten richtig deuten. Versteh dein Baby. humboldt, 2019

Wesensarten und Regulation

Hummel, Inke: Mein wunderbares schüchternes Kind. Mut machen, Selbstvertrauen stärken, liebevoll begleiten. humboldt, 2021

Hummel, Inke: Mein wunderbares wildes Kind. Zu laut, zu unbequem, zu anders. Was lebhafte Kinder und ihre Eltern brauchen. humboldt, 2021

Imlau, Nora: Du bist anders, du bist gut. Gefühlsstarke Kinder beim Großwerden begleiten. Kösel, 2019

Inke Hummel
NICHT ZU STRENG, NICHT ZU ENG
Dein sicherer Weg zwischen Schimpfen und falschem Verwöhnen
SPIEGEL Bestseller
So wird dein Kind glücklich und befreit groß
humboldt

Bibliografische Information der Deutschen Nationalbibliothek
Die Deutsche Nationalbibliothek verzeichnet diese Publikation in der deutschen Nationalbibliografie; detaillierte bibliografische Daten sind im Internet über https://dnb.de abrufbar.

ISBN 978-3-8426-1669-1 (Print)
ISBN 978-3-8426-1685-1 (PDF)
ISBN 978-3-8426-1686-8 (EPUB)

Originalausgabe

Die Ratgebermarke der Schlütersche Fachmedien GmbH
Hans-Böckler-Allee 7, 30173 Hannover
www.humboldt.de
www.schluetersche.de

Lektorat: Katharina Spangler, Neumarkt i.d. Opf.
Covergestaltung: ZERO, München
Covermotiv: Getty Images/Cecile Lavabre, Shutterstock/mamaruru
Foto auf der hinteren Umschlagseite: Jens Unglaube, Bad Honnef
Satz und Illustrationen: PER MEDIEN & MARKETING GmbH, Braunschweig
Druck und Bindung: gutenberg beuys feindruckerei GmbH, Langenhagen